千寻 与世界相遇

千寻
Neverend

选题策划　千寻 Neverend
项目编辑　云海燕
装帧设计　木
内文排版　史　明
责任印制　盛　杰
营销编辑　奚嘉阳

与世界对话

与猫对话

傅阳 编著

晨光出版社

Contents

目录

说　　1

读　　45

　　宝石　　〔日〕小泉八云　孟修/译　47

　　猫（节选）　　宋云彬　51

　　白猫王子五岁　　梁实秋　54

　　猫（节选）　　钱锺书　58

　　弃猫（节选）　　陈冠学　63

　　雪中小猫（节选）　　琦君　65

　　父亲的玳瑁　　鲁彦　68

　　猫　　靳以　78

　　一个诗人　　徐志摩　86

　　人与猫（节选）　　严文井　88

　　黑猫　　〔奥〕里尔克　张索时/译　90

　　猫缘（节选）　　席慕蓉　92

　　猫（节选）　　夏丏尊　96

　　猫（节选）　　张远山　105

　　猫鼠的故事　　孙犁　108

I

"母猫可是我的呀！"　　龙协涛　112

猫（节选）　　老舍　113

猫　　郑振铎　117

特别的猫（节选）　　〔英〕多丽丝·莱辛　邱益鸿/译　123

空房里的一只猫　　〔波〕维斯瓦娃·希姆博尔斯卡

　　　　　　　　　　　　　　　　林洪亮/译　127

作　131

雾与橘子　　陈奕名（六年级）　133

谜　　逯朴（六年级）　135

妙　　李了（六年级）　137

游戏　　高紫涵（六年级）　139

九命猫教授　　富宇涵（六年级）　141

九命猫　　张可枞（六年级）　143

沉思　　朱沁怡（六年级）　145

书　　刘丰鸣（六年级）　147

圆　　杨温暖（六年级）　148

眼　　代梓言（六年级）　150

猫眼　　叶悠然（七年级）　151

夜与猫　　叶宇馨（七年级）　153

轻音乐　　陈天悦（七年级）　156

蠢猫　　王晟睿（八年级）　158

你到底是谁？　　张恒硕（六年级）　160

可塑　唐语点（八年级）　162

猫的天堂　　袁子煌（七年级）　164

月的舞蹈　　黄海曕（七年级）　166

弯　嵇子悠（六年级）　168

猫眼　傅晨悦（七年级）　170

独揽梅花　　张若涵（七年级）　172

夜　潘周惟（七年级）　174

自由　周国藩（七年级）　176

魔法　文竹（七年级）　178

水调歌头　　马梓玹（七年级）　180

漂流　赵健钧（七年级）　182

月亮与猫　　吕屹林（七年级）　184

若有所思　　吴玟慧（七年级）　186

黑猫之夜　　周弋楚（七年级）　188

月亮猫　　裘依萱（七年级）　190

我与猫　　胡子茹（七年级）　192

月半小夜猫　　宋炫禾（八年级）　194

静夜思　　高允方（五年级）　196

标点　文竹（五年级）　198

黑夜哲思录　　张若涵（五年级）　200

猫　谢靖菡（六年级）　202

III

我是一只猫　　郑范羽（六年级）　203

子非猫　　谢简佳（五年级）　204

疯子　　徐一辰（五年级）　205

魔术师　　雷一然（五年级）　206

猫的时间　　王若涵（五年级）　207

猫　　杨俐文（五年级）　208

梦中的猫　　沈韵琪（五年级）　209

我与"猫"的对话　　210

A Talk with Cats

/

说

在给童子们上课时，我分享了两张猫的照片。第一张照片中的那只猫，静静地蹲在长城上。每个人都可以给这只猫起个名字。众童子纷纷发言，有人说叫"长城猫"，有人说叫"望山猫"，有人说叫"远眺猫"，有人说叫"橘子"（因为它是一只橘猫），有人说叫"肥橘"（因为它有点肥），有人说叫"天猫"……有好几个人不约而同地叫它"橘子"。一只猫却让我们把它与橘子联系起来，多么不可思议，又是多么自然的联想。

接下来的照片上出现的白猫，跟刚才长城上的橘猫不一样。这是一只未名湖畔的白猫，是北大教授季羡林养的猫。季羡林是研究东方学的大学者，曾做过北大副校长。这只白猫正从他肩上走下书桌，这时候的季羡林已经快九十岁了。

作家冰心爱猫。她的猫名叫"咪咪"，也是白色

《白猫》,1924 年
[日]高桥弘明 / 绘

的，但并不是纯白色，它的后腰处有一块黑圆点，尾巴也是黑色的。当冰心埋头写作时，咪咪会坐在桌子上，安安静静地陪着她。

美国小说家马克·吐温在自传《谁是马克·吐温》中说："如果一个人爱猫的话，我不用别人介绍，就可以和这个人做好朋友。我就是无法拒绝一只猫，尤其是咕噜咕噜叫着的猫咪，它们是世界上最干净、最精巧、最有才智的动物，就像你最爱的那个女孩。"马克·吐温的那只猫名叫 Huckleberry。

法国小说家莫泊桑说过："凡是诗人都是爱猫的。"英国诗人艾略特曾为猫写过一本诗集，其中有一首叫《猫的称呼》，我们来读其中一部分：

> 你曾见过很多样子的猫，
> 我觉得
> 你应该不需要别人帮你了解他们的特征。
> 你应该已经了解足够多了
> 其实猫就像你和我
> 还有其他那些拥有不同思想的人。
> ············
> 关于猫呢，有些人说有个绝对的真理：
> 不要跟他说话除非他跟你说话。

我可不相信那个

我说，你应该主动去称呼他，猫。

但是永远要记得，

他讨厌相似的称呼。

我鞠躬，然后摘下我的帽子，

用这个方法称呼他：哦，猫！

但是如果他是隔壁的那只猫，

就是我曾经常见到的那只

（他曾来过我的公寓看我）

我招待他时会这样说：哎呀，猫！

我听见别人叫他詹姆斯·巴吡·詹姆斯

但是我们没熟到可以直呼名字。

爱尔兰裔日本作家小泉八云非常爱猫，他为自己的那只猫取名"宝石"。大家一起来读：

我们叫她"宝石"——并不是因为她的美丽，虽然她确实美，而因为"宝石"是习用于受宠爱的母猫的名称。她刚作为一件值得接受的礼物送给我时还是一只玳瑁色的非常娇小的小猫，在日本一只三色猫是有点稀罕的。在这个国家的某些地区，这样一只猫据认为会带来好运,而且赋有吓退灵鬼和耗子的能力。宝石现在有两岁了。我认为她在血统上有外国的成分:她比普通的日本猫更娴雅,更苗条;她有一条格外长的尾巴,从日本人的观点看,是她唯一的缺点。大约她的祖先之一是在家康时代给一艘荷兰或西班牙船只带到日本来的。但是不管是什么祖先的后代,宝石在习惯上完全是一只日本猫,比如说她吃米饭。

她第一次生小猫时,她以事实证明她是一位极贤明的良母,以她的全部精力和才智从事对小猫的抚育。由于照看儿女的辛劳,她令人又怜惜又好笑地瘦了。她教他们如何保持清洁,如何跳跃和角斗,如何捕猎。开头,她当然只给他们她的长尾巴玩玩,后来她就给他们找玩具。她不仅给他们耗子,也有青蛙、蜥蜴、蝙蝠,甚至一天还带来一只小八目鳗,那准是她在附近的稻田里找到的。天黑后我常给她打开通向书斋的楼梯尽头的一扇小窗——以便她可以通过厨房的屋顶外出捕猎。一天晚上她通过窗户带来一只大草鞋给儿女玩耍。那是她在田野里找到的;她准带着它越过一道十英尺[1]高的篱笆，爬到房墙上走向厨房的屋顶，然后从那里穿过小窗的栅栏到楼梯。她和她的儿女就在这里闹闹嚷嚷地拿它玩到早晨；他们弄脏了楼梯，因为草鞋上沾着泥浆。在头一回做母亲的经验上再没有比宝石幸运的猫了。

宝石在小泉八云笔下活灵活现。衔一只沾着泥浆的大草鞋给小猫玩，这是个让人难忘的细节。

学者宋云彬喜欢猫，曾在上海养过一只花白猫。这只花白猫一来就会捉老鼠，白天还会捉苍蝇作为消遣。他的妻子亲眼看见它捉住过一只苍蝇。因为壁虎是捉苍蝇的，所以他的妻子就给猫取了个名字："壁虎儿"。后来"壁虎儿"走丢了，他很心疼，写了一张字条贴在弄堂口：

本里十九号走失花白猫一头，取名："壁虎儿"，尾全黑，头上有一块桃子形的黑毛，背上也有长方形黑毛一块，面圆，四足全白，如蒙捉住送还，酬洋两元，决不食言。

---

[1] 1英尺约为0.3米。

画家丰子恺住在杭州时,为找走丢的猫也贴出过两张海报。他的猫叫"白象"。我们一起来读:

> 白象真是可爱的猫!不但为了它浑身雪白,伟大如象,又为了它的眼睛一黄一蓝,叫作"日月眼"。它从太阳光里走来的时候,瞳孔细得几乎没有,两眼竟像话剧舞台上所装置的两只光色不同的电灯,见者无不惊奇赞叹。收电灯费的人看见了它,几乎忘记拿钞票;查户口的警察看见了它,也暂时不查了。

这只拥有"日月眼"的"白象"走丢了,丰子恺很着急,悬赏寻猫:

> 寻猫:敝处走失日月眼大白猫一只。如有仁人君子觅得送还,奉酬法币十万元。储款以待,决不食言。××路××号谨启。

最后"白象"没有找回来,他猜想已不在"猫间"了。他说自己其实并不喜欢真猫,不过喜欢画猫而已。真正喜欢猫的是他的女儿们。因为她们喜欢,所以在"白象"之后,家中收养了很多猫。

宋云彬寻猫是在二十世纪三十年代初，丰子恺寻猫是在二十世纪四十年代末，他们的悬赏币种和金额不同，一个是大洋两元，一个是十万法币。

作家、翻译家梁实秋家先有一只白猫，长得眉清目秀，蓝眼睛，红鼻头，须眉修长，又有一副楚楚可怜的样子。这只猫有点胖，又经常被他妻子刷洗得白白净净，所以被他戏称为"白猫王子"。他说：

> 猫相当的解语，我们喊他一声："猫咪！""胖胖！"他就喵的一声。我耳聋，听不见他那细声细气的一声喵，但是我看见他一张嘴，腹部一起落，知道他是回答我们的招呼。

因为怕白猫王子太孤单，他们又抱了一只小黑猫回来。我们一起来读：

> 这个"黑猫公主"性格不同，活泼善斗，体态轻盈，白须黄眼，像是平剧中的"开口跳"。两只猫在一起就要斗，追逐无已时。不得已我们把黑猫关在笼子里，或是关在一间屋里，实行黑白隔离政策。可是黑猫隔着笼子还要伸出爪子撩惹白猫，白猫也常从门缝

去逗黑猫。相见争如不见，无情还似有情。

钱锺书的短篇小说《猫》中，女主人为给自己的猫起名颇费了一番心思。我们来读这几句：

"淘气"就是那闹事的猫。它在东皇城根穷人家里，原叫作"小黑"。李太太嫌"小黑"的称谓太俗，又笑说："那跟门房'老白'不成了一对儿么？老白听了要生气的。"

猫送来的那天，李太太正在请朋友们喝茶，来客中一个诗人向女主人献媚，大谈什么西洋文艺复兴时的标准美人都是黑美人，说这只猫又黑又美，不妨借莎士比亚诗里的现成名字，叫它"Dark Lady"。人们听出了这一语双关的话。女主人李太太自然极高兴，但嫌"Dark Lady"太长了，简称"Darkie"。众人一致叫："妙！"这猫莫名其妙，也和着叫："妙！妙！"我们继续往下读：

没人想到这简称的意义并非"黑美人"，而正是李太太嫌俗的"小黑"。一个大名鼎鼎的老头子，当场一言不发，回家翻了半夜的

黑猫

> 书，明天清早赶来看李太太，讲诗人的坏话道："……中国人一向也喜欢黑里俏的美人，就像妲己，古文作'𡊡己'，就是说她又黑又美。𡊡己刚是'Darkie'的音译，并且也译了意思。哈哈！太巧了，太巧了！"这猫仗着女主人的爱，专闹乱子，不上一星期，它的外国名字叫滑了口，变为跟Darkie双声叠韵的诨名："淘气"。所以，好像时髦教会学校的学生，这畜生中西名字，一应俱全，而且未死已蒙谥法——诨名。

这是典型的钱锺书式的叙事，在他无锡故居附近的墙上装饰着一黑一白两只猫，被称为"钱锺书的猫"，就是因为他写过这篇《猫》。

归隐田园的作家陈冠学给三只弃猫分别起名阿憨、阿美和英国绅士。

作家琦君给自己的爱猫取名凯蒂，她去美国长住，与她寸步不离的玉女灵猫凯蒂竟然绝食而死。她曾写过一篇散文《雪中小猫》，我们一起来读：

> 雪地里站着一个中年美国妇人，怀里抱着一只胖圆圆的三色小猫，像有磁石吸引似

的，我迈向前去，微笑地问她：

"我可以摸摸它吗？"

"当然可以，你要抱一下吗？它对谁都友善极了。"

我把它抱过来，搂着它，亲它，它那一对绿眼睛多情地望着我，伸出舌头舔我的手背。它真是好亲昵，如果我也能天天抱着它该多好，我不禁喊了它一声凯蒂。

"它不叫凯蒂，它的名字是 Playful。"

"噢，Playful。"我当然知道它的名字不叫凯蒂。

别人的 Playful 当然不是琦君的凯蒂，但凯蒂依然留在她心中。给猫命名，是人猫之间建立起来的生命连接。

作家鲁彦写过一篇《父亲的玳瑁》，他家的猫——

净洁的白毛的中间，夹杂些淡黄的云霞似的柔毛，恰如透明的妇人的玳瑁首饰的那种猫儿，是被称为"玳瑁猫"的。

他父亲就给猫起名"玳瑁"。我们来读这一段：

14

> 当它在父亲身边的时候,我伸出手去,轻轻抚摩着它的颈背,它伏着不动。然而它从不自己走近我。我叫它,它仍不来。就是母亲,她是永久和父亲在一起的,它也不肯走近她。父亲呢,只要叫一声"玳瑁",甚至咳嗽一声,它便不晓得从什么地方溜出来了,而且绕着父亲的脚。

后来他父亲过世了,他们一家都要离开故乡,决定把"玳瑁"也带到上海。"玳瑁"到处寻找他父亲,就是不忍走进他父亲带它睡的那两间房,而且几天不吃饭。他们只好放弃了。我们继续读:

> 我们只好随玳瑁自己了。它显然比我们还舍不得父亲,舍不得父亲所住过的房子、走过的路以及手所抚摸过的一切。父亲的声音、父亲的形象、父亲的气息,应该都还很深刻地萦绕在它的脑中。
>
> 可怜的玳瑁,它比我们还爱父亲!

猫跟人的感情深到这种地步,真是不可思议,却是真实的。这篇文章题为《父亲的玳瑁》,不是《鲁彦的玳瑁》。

难怪美国小说家海明威的小说《雨中小猫》写一个美国少妇在陌生的意大利，没有人和她说话，没有人懂她的心意，在这样的情况下，她喊着："我要一只小猫，我就是要一只小猫。"猫可以跟人建立深厚的感情。

法国诗人波德莱尔喜欢写猫，我们一起来读他的这首《猫》：

> 热心的人们和严谨的学者，
> 在成熟的季节，都同样爱猫，
> 坚强温柔的猫，家中的骄傲，
> 它们惧怕寒冷而常深居不出。
> 它们是学问和欢乐的朋友，
> 它们寻求沉默和黑暗的恐怖；
> …………
>
> 它们在沉思时的高贵风姿，
> 犹如陷入孤独的人面狮，
> 睡意沉沉地进入无边的梦境；
>
> 它们腰间闪耀着魔术的火花，
> 神秘的瞳孔充满的细沙样的

> 金粉，像星光频频地闪动。

沉思中的猫让诗人想起了茫茫大漠中的狮身人面像。

小说家靳以写过一篇散文《猫》，那猫活了十几年：

> 她欢喜蹲在窗台上，眯着眼睛，像哲学家一样地沉思着。那时候阳光正照了她，她还要安详地用前爪在脸上抹一次又一次的。

在靳以看来，猫像哲学家。而诗人徐志摩则说，他的猫是一个诗人，大家一起来读：

> 我的猫，她是美丽与壮健的化身，
> 今夜坐对着新生的发珠光的炉火，
> 似乎在讶异这温暖的来处的神奇。
> ……………
> 我敢说，我不迟疑地替她说，
> 她是在全神地看，在欣赏，
> 在惊奇这室内新来的奇妙——
> 火的光在她的眼里闪动，
> 热在她的身上流布，

狮身人面像（局部）

如同一个诗人在静观一个秋林的晚照。
我的猫，
这一响至少，
是一个诗人，
一个纯粹的诗人。

日本小说家夏目漱石爱猫，有人说他的门口常常蹲着一只猫，这不是他的宠物，也不是他的朋友，而是"启蒙者、灵感的源泉、讽世的道具"。他通过猫眼看世界，写出了一部长篇小说《我是猫》，我们一起来读一段：

有的人见了我就感慨："要是能像猫这么轻松就好了。"想要轻松，其实很容易，只要他自己愿意。明明是自找麻烦，近乎无法应付，到头来还抱怨真痛苦，真痛苦。这就好比自己点燃熊熊大火，到头来却高声嚷嚷热死了，热死了。就算是猫，如果到了折腾出二十多种发型的那一天，估计也不可能这样轻松了。想要轻松，就该像我们猫一样，夏天也裹着皮毛度过。话虽如此，但对于夏天而言，这身皮毛裹在身上太热了。

中国的儿童文学作家严文井特别喜欢猫,他住的房子不到 70 平方米。在他去世前夕,记者发现——"除了老旧的单人床和书桌,剩余的空间都被书本占满。屋内能见着的唯一光亮,就是窗外的一棵绿树。树下,埋着他亲手安葬的爱猫'欢欢'。"他在 1937 年曾写过一篇散文《人与猫》,我们来读前面一部分:

> 天是宽阔的,淡色的。
>
> 一只猫不声不响地来了,沿着一道矮墙。那完全是一只吉卜林所说的独自行走的猫,悄然拖着黑色的尾巴,很野地走着。
>
> 人看见了它,简单地笑了笑,就低声仿效它的呼唤。模仿得很好,这是一个古老的魔法,猫在墙的中段坐下了,用青绿的大眼看着这个奇异的不相识者。
>
> "晚上好!很古的时候,在林莽中,我们彼此都是认识的。记不记得你是第几个从丛林中走出来的?你说不,对的,因为也有人这样说。你是野的,最野的朋友。"
>
> 人忧郁地笑着。
>
> 猫的眼睛闪着光,却珍惜着它的声音。

严文井笔下的这只猫有着青绿的大眼。我在美术馆看过画家吴冠中的一幅油画《猫》,画面中最突出的就是猫那双逼人的青绿大眼。

我们来读加拿大诗人爱弥尔·内利冈的《猫群》:

> 煤气灯一熄灭,屋里夜深人静,
> 家里的猫儿们便不停地抱怨;
> 我们没法从它们绿色的双眼,
> 猜出那可怕而又神秘的原因。
>
> 有时候,猫儿们背上抖个不停;
> 全身汗毛倏然直立,目光束束
> 射向钟声肃穆的可怕的黑幕,
> 倾听座钟发出的奇怪的声音。

在这位加拿大诗人的笔下,夜色中,这群猫的眼睛都是绿的。

前面我们说到,丰子恺的"白象"是日月眼,两只眼睛一黄一蓝。作家靳以有一天偶然在市集遇到一只白猫和两只生下不久的小猫。把它们带回家之后,等到小猫张开眼,他才发现那只长了灰色斑的猫是日月眼:一黄一蓝。

我们再读一首法国诗人波德莱尔的诗《猫》：

一只温柔、美丽、可爱的猫，
在我的头脑里来回走动，
就像在它的家里一样，
微微的叫声触动人情，

音色是那样柔和审慎；
当其呦呦时或平静不动，
声音又总是丰富、深沉，
其中含有魅力和秘密。

这圆润和谐的美妙之声，
渗进我最阴暗的心底，
像抒情的诗流遍全身，
像甘露一样使我欣喜。

我的心好比动听的琴，
那猫声犹如拉琴的弓。
琴弓触发震颤的弦丝，
发出豪迈悠扬的歌声。

> 只有你的声音，天使般的猫，
> 神秘的猫，珍奇的猫咪，
> 你的一切，就像那天使，
> 是那样谐和而又微妙！

波德莱尔说猫声如"拉琴的弓"，声音柔和审慎，又丰富深沉，诗人把听觉转换成了视觉。他说，听着这样的猫声，猫的一切"就像那天使"。我们继续往下读：

> 从它金棕交错的细毛上，
> 飘溢出温柔的馨香；
> 黄昏里，我只抚摸了它一次，
> 我全身就沾染了它的芳香。
>
> 当我的眼睛充满挚爱，
> 像被什么磁石吸引，
> 投向我的爱猫身上，
> 而后又返望自己的内心，
>
> 我看到它苍白的瞳孔
> 令人惊奇地冒出火焰，
> ——水晶石啊，夜明灯，

夏尔·皮埃尔·波德莱尔

无限深情地凝视着我，一动不动。

波德莱尔说这只猫有温柔的馨香，只摸了它一次，全身就沾染了猫的芳香。最后他又从猫的眼睛里看到了火焰、水晶石和夜明灯。

吴冠中的那幅油画《眼》，画的是一只猫。他把猫的眼睛画得特别大，正如这首诗中的比喻，犹如火焰、水晶石和夜明灯。画家可以这么画，诗人也可以这么想。

奥地利诗人里尔克的《黑猫》中写到了"琥珀黄圆瞳"，那是黑猫的眼睛：

可是突然，像被惊醒，
她转过脸直对着你的脸：
你又遇见你的目光在她的
琥珀黄圆瞳里
不期而然：嵌困于中
如绝种的昆虫。

少年王鼎钧家有一只灰猫，他读小学时写过一篇习作《我家的猫》，得到了老师的表扬，我们一起来读：

我家的猫是一只灰色的狸猫,是三岁的母猫,是会捉自己的尾巴不会捉老鼠的猫,是你在家里的时候它在你脚前打滚儿、你不在家的时候它在厨房里偷嘴的猫,是一只每天挺胸昂首出去、垂头丧气地回来的猫。你说,这到底是一只什么猫?

这篇习作仅一百来个字,且一而再,再而三地重复"的猫",老师却说他写得好,有味道,因为他是贴着题目写,一点不显得累赘。

作家靳以的那只猫是黄色的,有着像虎一样的斑纹,生性却十分驯良。

作家、诗人席慕蓉在《猫缘》里写了一个喜欢养狗的女孩,但她最爱的还是一只尾巴折起来的小黄猫。那是她上大学时一个男同学送她的,刚带回来时,这只猫又瘦又丑,不讨人喜欢,经她耐心地喂食,慢慢地调理:

　　过了一个春天,居然也长得很有模有样了。猫大概自己也知道,坐在墙上晒太阳时,总装得很威武,金黄色的毛闪闪发光。

猫以色分，有白猫、灰猫、黄猫、黑猫，还有波德莱尔笔下金棕交错的猫。比利时作家梅特林克在他的剧本《青鸟》里写的是黑猫。我们来读这一段：

> 对猫女士来说，黑色的服饰一直是她的习惯，她认为这就是贵妇的装扮。而且，她一向觉得黑色在什么场合都很适宜，如今空着手出远门，穿上黑色衣服就更为得体了。猫女士精心挑选了一套绣花的黑色紧身衣——就连绣的花也是黑色的，外面披了一件长长的天鹅绒大氅，一顶骑士帽戴在端正的小脑袋上，帽上还插着一支长羽毛，脚上则穿了一双软底山羊小皮靴——此举也是为了纪念她那名闻天下的前辈"穿靴子的猫"，前爪则戴上了一副用来防尘的小手套。

黑猫女士，从帽子、衣服到靴子全都是黑的。

作家、教育家夏丏尊家养过一只猫，虽然它刚来时产毛未退，黄白还未十分夺目，但依然看得出是一只漂亮的"金银嵌"。后来，猫渐渐长大：

> 白玉也似的毛地上，错落的黄黑斑非常

明显，蹲在草地上或跳掷在凤仙花丛里的时候，望去真是美丽。附近四邻或路过的人见了称赞说"好猫"，这时候，妻脸上就现出一种莫可言说的矜夸，好像是养着一个好儿子或是好女儿。特别是阿满：

"这是我家的猫，是姑母送来的。姑母死了，只剩了这只猫了！"

据说，七千年前，猫就跟古埃及人生活在一起了。"猫"这个汉字最早出现在《诗经》里："有熊有罴（pí），有猫有虎。"但这里的猫恐怕是指野猫、山猫，不是家猫。家猫，要到东汉才从西域传过来，最初不叫猫，而叫狸，又称狸奴。南宋诗人陆游写过一首诗《十一月四日风雨大作（其一）》：

风卷江湖雨暗村，四山声作海涛翻。
溪柴火软蛮毡暖，我与狸奴不出门。

"狸奴"就是猫的别名。

明代万历年间，皇帝宠猫，有的猫还被封了"管事"职衔，甚至领俸禄。皇宫中的猫也各有名字，比如"某丫头""某小厮""某老爹"等。这是否让我

们想起了艾略特的那首诗《对猫的称呼》?我们一起来读:

> 在一只猫放下尊严待你如一个信任的朋友之前,
> 对他有一些尊敬还是应该的,
> 可以试着给他一碟子奶油。
> 再提供一些鱼子酱,或者斯特拉斯伯格派,
> 一些罐装松鸡肉,或者三文鱼酱。
> 他肯定会找到属于自己的口味的。
> (我认识一只除了兔子以外什么都不吃的猫。等他吃完的时候,他会舔他的爪子,因为这样就不会浪费洋葱汁。)
> 一只猫是注定要拥有这些尊敬的。
> 总有一天你会跟他熟络起来,然后就可以直呼他的名字了。
>
> 如此如此,这般这般:
> 这就是你该如何称呼一只猫。

当一个人可以叫出猫的名字时,猫的世界与人的

世界就是相通的。

智利诗人聂鲁达写过一首《猫之梦》：

> 我看过睡着的猫
> 身体怎样起伏，也看过夜晚如何流过它
> 就像黑色的水流，偶尔
> 它会坠落或者大概是
> 跳进光秃秃的荒凉雪丘。
> 有时它在梦里长得太大，
> 大得像老虎的祖先，
> 它就会穿过屋顶，云层，火山，
> 跃入黑暗。

古今中外没有一个人像他这样看到猫做梦，看到猫的梦境。诗人用夜晚如何流过猫的身体，引入猫的梦，因为他知道猫其实跟黑夜是一体的，人们也常常把黑猫和黑夜联系在一起。在很多文学作品中，黑夜中的那只猫似乎就是黑夜，它在黑夜中行动，在黑夜中张开琥珀色的或青绿色的眼睛。

诗人用黑夜的形象串起了猫的梦，夜晚流过，就像黑色的水流流过这只猫，于是这只猫就会进入到他的梦乡。这是一首奇妙的诗。

爱尔兰诗人叶芝的那首《猫与月亮》同样奇妙，我们一起来读：

> 猫儿走来走去，
> 月亮旋转如陀螺，
> 月亮最亲近的这个亲戚，
> 慢悠悠爬行的黑猫，抬起头。
> 黑猫米纳娄士凝望月亮，
> 因为，它游荡哀嚎，
> 夜空中纯净冰冷的月光，
> 让它动物的血液烦躁不安。
> 米纳娄士在草丛中跑起来，
> 灵敏地抬起又放下前后脚。
> 要跳舞吗，米纳娄士，要跳舞吗？
> 两个亲人相见，
> 还有什么比跳舞更好呢？
> 厌倦了俗套的礼节，
> 或许月亮正好可以学会
> 一种新的旋转舞步呢。
> 米纳娄士在草丛中爬行，
> 从月光照亮的一处到另一处，
> 头上神圣的月亮

已经变换了新的模样。
米纳娄士知道吗，它的瞳仁
会映出不同的形状？
从圆到缺，
从亏到满，周而复始？
米纳娄士爬过草丛，
独自一个，骄傲又聪明，
抬起变化的双眼，
看向变化的月亮。

叶芝的想象与聂鲁达的不同，他想象一只猫和月亮在跳舞，想象它们在练习新的旋转舞步。猫和月亮是最亲近的亲戚。前面我们说猫和夜晚常常被联系在一起，不仅因为猫是深邃的、黑色的，在希腊神话中，月亮女神的形象就是一只猫。从古埃及、古希腊以来，人们甚至相信，月亮女神为了躲避风神而化作了人间的一只猫。它们有什么共同点？月亮和猫都会发光吗？猫的瞳仁会映出不同的形状，而且猫的瞳仁可以放大或缩小。不仅猫的眼中有月亮的阴晴圆缺，有时候猫就是一个新月，受惊吓的时候就变成了一个满月，从圆到缺，从亏到满，周而复始，这也是一只猫心情的变化。

与世界对话／与猫对话

威廉·巴特勒·叶芝

在这首诗里，月亮和猫的界限被模糊了。猫究竟是什么？猫是不是月亮的亲戚？猫是不是夜晚的亲戚？猫是夜晚的镜子，猫也是月亮。

猫总是与夜连在一起，我们来读诗人余光中的《九命猫》：

> 我的敌人是夜，不是任一只鼠
> 一种要染黑一切的企图
> 企图噬尽所有的光
> 被祟的空间，徐徐，十二响
> 当古铜钟悚悚敲起
> 敲响午夜的心脏，忽然有风
> 宽大的僧袖拂脸过处
> 星象叮叮当当全被扫落，像死亡
> 一口气吹熄生日蛋糕的蜡烛
> 但死亡不能将我全吹熄
> 九条命，维持九盏灯
> 一盏灯投九重影，照我
> 读一部读不完的书
> 黑暗是一部醒目的书
> 从封面到封底，我独自读。

作家张远山写过一则寓言《猫》，一开头就说猫有九条命。第一条命死于和狗拚（pàn）命，第二条命死于扑蝶……最后一条命，则因主人的保护而得以"苟全性命于乱世"。

关于猫有九命，黎巴嫩诗人纪伯伦也写过一篇散文诗《鼠与猫》：

> 一天傍晚，诗人遇见一位农夫。诗人冷漠，农夫腼腆；尽管如此，二人还是谈了起来。
>
> 农夫说："我最近听到了一个小故事，让我讲给你听。一只老鼠落入捕鼠器中，正当它津津有味地吃着里面放的奶酪时，一只猫站在了它的身边。老鼠起初周身战栗，但立刻知道自己在捕鼠器里是平安无事的。
>
> "猫说：'朋友，你已吃过最后一餐。'
>
> "老鼠回答道：'我只有一次生命，那么，也将只有一次死亡。可是，你呢？听说你有九次生命，岂非意味着你有九次死亡吗？'"
>
> 农夫说到这里，望着诗人，问："这不是个离奇的故事吗？"
>
> 诗人没有答话，而是走远之后，心想：

> "一点不错，我们肯定有九次生命，活命九次；我们应该有九次死亡，死亡九次。也许待在捕鼠器里，像老鼠一样生活，仅用一块奶酪当最后一餐，还是只有一生更好些。那样，我们不就与沙漠和丛林里的猛兽是亲属了吗？"

这让我想起法国作家左拉讲的故事《猫的天堂》：有个太太养的一只猫厌倦了温暖、舒适却像牢狱似的生活，想追求自由的生活，于是逃出去与野猫为伍。可是仅仅过了一天，它就恐慌起来。因为它看到自由的生活不过是淋雨、挨饿、奔波、逃避……它要求一只雌猫将它送回老家，并挽留雌猫留下，而雌猫不屑地走了。家猫因为出逃，挨了女主人的一顿打，接着又有肉吃了。所以它得出一个结论："挨打而有肉吃的地方，就是我们猫的天堂。"

这样养尊处优的猫当然是不会捉老鼠了。中国作家孙犁写过一篇散文《猫鼠的故事》，我们来读：

> 这个都市的猫是不拿耗子的。这里的人们养猫，是为了玩，并不是为了叫它捉耗子，所以耗子方得如此猖獗。这里养猫，就像养

花种草、玩字画古董一样，把猫的本能给玩得无影无踪了。

我有一位邻居，也是老干部，他养着一只黄猫，据说品种花色都很讲究。每日三餐，非鱼即肉，有时还喂牛奶。三日一梳毛，五日一沐浴。每天抱在怀里抚摩着，亲吻着。夜晚，猫的窝里，有铺的，有盖的，都是特制的小被褥。

这样养了十几年，猫也老了，偶尔下地走走，有些蹒跚迟钝。它从来不知耗子为何物，更不用说有捕捉之志了。

…………

有一家，在阳台上盛杂物的筐里，发现了一窝耗子，一群孩子呼叫着："快去抱一只猫来，快去抱一只猫来！"

正赶上老干部抱着猫在阳台上散步，他忽然动了试一试的兴致，自告奋勇，把猫抱到了筐前，孩子们一齐呐喊：

"猫来了，猫来捉耗子了！"

老人把猫往筐里一放，猫跳出来。再放再跳，三放三跳，终于逃回家去了。

孩子们大失所望，一齐喊："废物猫，猫

废物！"

老人的脸红了。他跑到家里，又把猫抱回来，硬把它按进筐里，不松手。谁知道，猫没有去咬耗子，耗子却不客气，把老干部的手指咬伤，鲜血淋淋，只好先到卫生所，去进行包扎。

群儿大笑不止。其实这无足奇怪，因为这只老猫，从来不认识耗子，它见了耗子实在有些害怕。

不吃老鼠的猫，也不是现在才有。南宋诗人陆游的《嘲畜猫》中就有"但思鱼餍足，不顾鼠纵横"的诗句，另一位南宋诗人刘克庄写过一首《诘猫》，其中说："饭有溪鳞眠有毯，忍教鼠啮案头书。"

整天有鱼有肉，被主人伺候得舒舒服服，猫哪里还想着捉老鼠呢？与此相反，孙犁想到了有一年回老家，住在侄儿家，正碰上收成不好，老鼠却很多，侄儿从别人家要来一只尚未断奶的小猫，又舍不得喂它，小猫枯瘦如柴，走路都不稳当。然而有一天他却看见这只小猫竟从立柜下面，连续拖出两只比它自己的身体还长一段的大耗子，找了个僻静地方吃得干干净净。他说，这就叫充分发挥了猫的本能。难怪四川谚语说：

"黄猫、黑猫,只要捉住老鼠就是好猫。"这一谚语慢慢变成了一句名言:不管黑猫白猫,捉到老鼠就是好猫。

钱锺书在小说《猫》中借一个人物之口给了猫这样的评价:

> 猫是理智、情感、勇敢三德全备的动物:它扑灭老鼠,像除暴安良的侠客;它静坐念佛,像沉思悟道的哲学家;它叫春求偶,又像抒情歌唱的诗人……

猫不会捕鼠,就失去了它的一大美德。如果猫丧失了捕鼠的本能,猫还是猫吗?这个问题留给大家去思考。

获得美国密歇根大学经济学博士学位、长期在西雅图华盛顿大学经济系任教的马逢华,在西南联大经济系求学时,是一位校园诗人,我们来读他写的一首《猫》:

> (我们底大园子空有草色凄迷,你底莅临
> 像是碧波千顷中驶来一只小帆船,
> 完成画幅的美丽,也为我们载来了欢喜。)

有什么东西的飘坠像这样轻、软，
落地缓缓？你底步履是暮春的
花朵，你有大家闺秀的风范。
有时候却又像淘气的小姑娘，
你发愣，皱眉，为了一只蝴蝶底脱逃；
忽然又追绕着自己底尾巴捉迷藏。

阳光下你底身体像水的倾注，舒展
得那么没有保留。你困惫的姿态
也这般好看；还眯着眼，学老太婆参禅。

女性的一切美德你都拥有，
有时也像一个谜，在无邪的游戏里
毫无预告，突然抓破我底手。

有人说你是伪善，我想你是出于
疑心或顽皮。但若这样够多么好：
没有疑心，顽皮也顽皮得合理。

在这首诗里，猫具有女性的一切美德，是大家闺秀，是淘气的小姑娘，也会眯着眼学老太婆参禅。她有如此风范，出场如碧波千顷中的小帆船，却又是那

一只流浪猫

么顽皮，为了一只蝴蝶的逃走而发愣、皱眉，很快又会忘得干干净净，追绕着自己的尾巴捉迷藏，也会突然抓破诗人的手。

智利诗人聂鲁达在《疑问集》中有一句诗："一只猫会有多少问题？"今天我们讲了猫的命名、猫的眼睛、猫有九命、猫的本能，这些都是猫的问题。

爱猫的日本作家德富芦花写过一篇《弱肉强食》，我们一起来读：

> 今天，我像平日一样，坐在屋里写作，忽然看到原本蹲在廊檐上的我们家的猫倏地一下跳到了地上，一转眼它又敏捷地跳上了廊檐。定睛一看，猫的嘴里分明叼着一只蜥蜴。只见它轻轻地放下嘴里的猎物，蜥蜴不知是死了还是晕厥了过去，一动不动。接着，猫便大口大口地吃了起来。这当儿，只见蜥蜴的尾巴左右摆动，显然它是活着的。而猫儿却全然不为所动，眯缝着眼睛，歪着脑袋，悠悠然地享受着自己的美味，看上去就像只小豹子或是小老虎，威风十足。
>
> 不大一会儿，蜥蜴就成了猫的腹中之餐，最后，地上还掉落了一段蜥蜴的尾巴，像一

> 只小虫子一样在蠕动着。猫儿见状，啊呜一口便吞下肚去，如此一来，整个蜥蜴就连残骸也丝毫不剩。
>
> 地球一如既往地转动着，阳光也依旧普照着大地。树叶纹丝不动，猫儿享受完蜥蜴美餐后舔着嘴，一副心满意足的样子，随后便闭上眼睛睡去了。

这段文字真实、生动，没有亲眼看见，绝对想象不出。地球一如既往地转动着，猫儿心满意足的样子着实让人羡慕。

我们与猫的对话就先停在这里吧。

A Talk with Cats

/

读

宝石

〔日〕小泉八云　孟修/译

我非常爱猫。我认为我可以就我在不同的时间地点，包括世界的两个半球，所养的不同的猫写一本大书。但这并非一部《猫经》。我现在写"宝石"仅仅是由于心理上的缘故。她躺在我身旁的椅子上，在睡梦中一直发出一种独特的叫声，特别使我动心。那是猫类只对小猫发出的叫声——一种轻轻的深情的咕咕声——纯粹是爱抚的声调。我看到，当她侧身躺卧在那里时，她的姿势是猫抓住什么东西的姿势——刚刚抓到的某种东西：前爪伸出去以便握住它，而珍珠色的爪子则在戏弄。

我们叫她"宝石"——并不是因为她的美丽，虽然她确实美，而因为"宝石"是习用于受宠爱的母猫的名称。她刚作为一件值得接受的礼物送给我时还是一只玳瑁色的非常娇小的小猫，在日本一只三色猫是有点稀罕的。在这个国家的某些地区，这样一只猫据认为会带来好运，而且赋有吓退灵鬼和耗子的能力。宝石现在有两岁了。我认为她在血统上有外国的成分：她比普通的日本猫更娴雅，更苗条；她有一条格外长的尾巴，从日本人的观点看，是她唯一的缺点。大约她的祖先之一是在家康时代给一艘荷兰或西班牙船只带到日本来的。但是不管是什么祖先的后代，宝石在习惯上完全是一只日本猫，比如说她吃米饭。

她第一次生小猫时，她以事实证明她是一位极贤明的良母，以她的全部精力和才智从事对小猫的抚育。由于照看儿女的辛劳，她令人又怜惜又好笑地瘦了。她教他们如何保持清洁，如何跳跃和角斗，如何捕猎。开头，她当然只给他们她的长尾巴玩玩，后来她就给他们找玩具。她不仅给他们耗子，也有青蛙、蜥蜴、蝙蝠，甚至一天还带来一只小八目鳗，那准是她在附近的稻田里找到的。天黑后我常给她打开通向书斋的楼梯尽头的一扇小窗——以便她可以通过厨房的屋顶外出捕猎。一天晚上她通过窗户带来一只大草鞋给儿女玩耍。那是她在田野里找到的；她准带着它越过一道十英尺高的篱笆，爬到房墙上走向厨房的屋顶，然后从那里穿过小窗的栅栏到楼梯。她和她的儿女就在这里闹闹嚷嚷地拿它玩到早晨；他们弄脏了楼梯，因为草鞋上沾着泥浆。在头一回做母亲的经验上再没有比宝石幸运的猫了。

可是下一次她就倒霉了。她养成了走访另一条街上的朋友的习惯，去那条街路上不无危险；一天晚上，在途中她被某个暴徒打伤。她回到家既昏沉沉又病恹恹的；小猫生下来就死了。我以为她也会死，可是她的健康恢复得比任何人设想的快得多——虽然她在精神上由于失去小猫而依然苦闷，这是不待说的。

动物的记忆力，就某些相对的经验方式而言是出奇的弱而模糊。但动物的有机记忆——经过无数的生命，世世代代积累起来的经验的记忆——却卓绝非凡的生动，而且极少出差错。……只要想想猫是如何用令人惊异的办法使溺水的小猫恢复呼吸的！只要想想她是如何用无师自通的本领来对付她头一遭遇到的敌人的，比如说，毒蛇！只要想想她是多么熟悉小动物和他们的作风，她对草药的知识，她的不论是捕猎还是打斗的本事！她所知道的东西真可观；而且她知道得完完全全，或几乎完完全全。可这都是遗传下来的知识。她对现实生活的辛劳的记忆则是马马虎虎很快就忘。

宝石记不清楚她的小儿女已夭亡了。她知道她本应该是有猫仔的；在小猫埋在花园里好久后，她还到处寻找，叫唤他们，她向她的朋友诉了一大堆苦；她使我不得不打开所有的碗柜和衣柜——一次又一次——向她证明小猫不在房子里。最终她得以使自己相信再找他们是徒劳了。但她在梦中跟他们游戏，向他们温柔地叫唤,给他们递虚幻的小玩意,或许甚至还通过回忆中模糊不清的窗口带给他们一只草鞋的幻影。……

猫（节选）

宋云彬

我平生最喜欢猫。可是在上海住了五六年，一向做"三房客"，住的不是前楼就是厢房，事实上不容许我养猫。"一·二八"以前，我住在闸北，"二房东"养了一头肥大的黑猫，面庞儿圆圆的，十分可爱。我常常把牛奶、牛肉等给它吃，它很恋恋于我。冬天夜长，我写作往往要过一二点钟，它总是睡在我身边，鼻子里呼呼作声，有时候懒洋洋地醒来，伸着脚，弓着背，轻轻地叫出一声"乌乎"，好像在警告我时候已经不早了。

二房东家小孩子很多，常常捉住它玩耍，它受了小孩子们的欺侮，便一溜烟逃到我的厢房里，把头在我的脚上摩擦，嘴里不住"乌乎乌乎"地叫，我知道它受了委屈，总是好好地抚摸它一回。有一次，它大概太高兴了，把我一本暖红室刻的《牡丹亭》抓破，妻打了它几下，赶它出厢房去，我却劝妻不要动气，因为它实在不懂得什么"名著""珍本"，偶尔高兴玩玩也是兽之常情。可是它经此一番惩戒，竟负气不到厢房里来，最后还是我硬把它捉了进来，拿大块的猪肝请它吃,好好地抚摸它一回,它才照常到厢房里来走动。

"一·二八"那天,我们于午后四点钟才匆匆地离开闸北。那时候二房东已全家搬走,我临走仓皇,竟没有记到它,事后很懊悔。回乡去住了两个月,天天关心战事消息,一时也把它忘了。……忽然,我听得猫叫,那声音很微弱,留神一看,原来那猫就在我脚边。它满身都是泥灰,下半身完全焦黄了,瘦得几乎只剩一副骨骼,眼圈儿烂得红红的,胡子不剩半根,但我能辨认它就是二房东家的黑猫。它也似乎还认识我,不住地向我叫,叫声微弱极了。我凄然地抱它在怀里。想不到它在战区里过了两个多月,居然没有死!……

去年我在沪东区租了一幢房子,妻为我喜欢猫,同时也感到耗子们骚扰得太厉害,便在亲戚家讨了一头花白猫来,那猫的面庞儿也生得圆圆的。进来的第二天,就捉住一头小耗子,使我们十分高兴……过了三四个月,它更加肥大了,顽皮性似乎也改好了一点。白天蹲在庭前的短墙上,以捉苍蝇为消遣。据妻说,曾经亲见它捉住过一只苍蝇。因为壁虎是捉苍蝇的。她替它取个名字,叫作"壁虎儿"。……

…………

过了两天,壁虎儿依旧没有回来。我写了一个字条贴在弄堂门口,文曰:

"本里十九号走失花白猫一头,取名:'壁虎儿',尾全黑,头上有一块桃子形的黑毛,背上也有长方形黑毛一块,面圆,四足全白,如蒙捉住送还,酬洋两元,决不食言。"

白猫王子五岁
梁实秋

五年前的一个夜晚,菁清从门外檐下抱进一只小白猫,时蒙雨凄其,春寒尚厉。猫进到屋里,仓皇四顾,我们先飨以一盘牛奶,他舔而食之。我们揩干了他身上的雨水,他便呼呼地倒头大睡。此后他渐渐肥胖起来,菁清又不时把他刷洗得白白净净,戏称之为白猫王子。

他究竟生在哪一天,没人知道,我们姑且以他来我家的那一天定为他的生日(三月三十日),今天他五岁整,普通猫的寿命据说是十五六岁,人的寿命则七十就是古稀之年了,现在大概平均七十。所以猫的一岁在比例上可折合人的五岁。白猫王子五岁相当于人的二十五岁,正是青春旺盛的时候。

凡是我们所喜欢的对象,我们总会觉得他美。白猫王子并不一定是怎样的美丰姿,可是他眉清目秀,蓝眼睛,红鼻头,须眉修长,而又有一副楚楚可怜的样子。腰臀一部分特别硕大,和头部不成比例,腹部垂腴,走起来摇摇摆摆,有人认为其状不雅,我们不以为嫌。去年七月二十日报载:"二十四日在美国佛罗里达州巴马布耳所举行的一九八一年'全美迷人小猫竞赛'中,一只名叫邦妮贝尔的小猫得了首奖。可是它虽然顶着后冠,却不见得很高兴。"高兴不是猫,是猫的主人。我们不会教白猫王子参加任何竞赛,他已经有了王子的封号,还急着需要什么皇冠?他就是我们的邦妮贝尔。

刘克庄有一首诗《诘猫》,有句云:

饭有溪鱼眠有毯,忍教鼠啮案头书?

我们从来没有要求过猫做什么事。他吃的不只是溪鱼,睡的也不只是毛毯,我们的住处没有鼠,他无用武之地,顶多偶然见了蟑螂而惊叫追逐,菁清说这是他对我们的服务。我们吃饭的时候他常蹲在餐桌上,虎视眈眈,但是他不伸爪,顶多走近盘边闻闻。喂他几块鱼虾鸡鸭之类,他浅尝辄止。他从不偷嘴。他吃饱了,抹抹脸就睡,弯着腰睡,趴着睡,仰着睡,有时候爬到我们床上枕着我们的臂腿睡。他有二十六七磅重,压得人腿脚酸麻。我们外出,先把他安顿好,鱼一钵,水一盂,有时候给他盖一床被,或是搭一个篷。等我们回来,门锁一响,他已窜到门口相迎。这样,他便已给了我们很大的满足。

"花如解语还多事,石不能言最可人。"猫相当的解语,我们喊他一声:"猫咪!""胖胖!"他就喵的一声。我耳聋,听不见他那细声细气的一声喵,但是我看见他一张嘴,腹部一起落,知道他是回答我们的招呼。他不会说话,但是菁清好像略通猫语,她能辨出猫的几种不同的鸣声。例如:他饿了,他要人给他开门,他要人给他打扫卫生设备,他因寂寞而感到烦躁,都有不同的声音发出来。无论有什么体己话,说给他听,或是被他听见,他能珍藏秘密不泄露出去。不过若是以恶声叱责他,他是有反应的,他不回嘴,他转过身去趴下,做无奈状。

有人不喜欢猫。我的一位朋友远道来访,先打电话来说:"听说府上有猫,请先把他藏起来,我怕猫。"真的,有人一见了猫就会昏倒。有人见了老鼠也会昏倒,何况猫?据《民生报》四月二十三日一篇文章报道,法国国王亨利三世一见到猫就会昏倒。法国国王查理九世时的大诗人龙沙有这样的诗句:

当今世上
谁也没我那么厌恶猫
我厌恶猫的眼睛、脑袋,还有凝视的模样

一看见猫，我掉头就跑

人之好恶本不相同。我不否认猫有一些短处，诸如倔强、自尊、自私、缺乏忠诚等等。不过，猫，和人一样，总不免有一点脾气，一点自私，不必计较了。家里有装潢、有陈设、有家具、有花草，再有一只与虎同科的小动物点缀其间来接受你的爱抚，不是很好么？

菁清对于苦难中小动物的怜悯心是无止境的，同时又觉得白猫王子太孤单，于是去年又抱进来一个小黑猫。这个"黑猫公主"性格不同，活泼善斗，体态轻盈，白须黄眼，像是平剧中的"开口跳"。两只猫在一起就要斗，追逐无已时。不得已我们把黑猫关在笼子里，或是关在一间屋里，实行黑白隔离政策。可是黑猫隔着笼子还要伸出爪子撩惹白猫，白猫也常从门缝去逗黑猫。相见争如不见，无情还似有情。我想有一天我们会逐渐解除这个隔离政策的。

白猫倏已五岁，我们缘分不浅，同时我亦不免兴起春光易老之感。多少诗人词人唤取春留驻，而春不肯留！我们只好"片时欢乐且相亲"，愿我的猫长久享受他的鱼餐锦被，吃饱了就睡，睡足了就吃。

猫（节选）
钱锺书

"打狗要看主人面，那么，打猫要看主妇面了——"颐谷这样譬释着，想把心上一团蓬勃的愤怒像梳理乱发似的平顺下去。诚然，主妇的面，到现在还没瞧见，反正那混账猫儿也不知躲到哪里去了，也无从打他。只算自己晦气，整整两个半天的工夫全白费了。李先生在睡午觉，照例近三点钟才会进书房。颐谷满肚子憋着的怒气，那时都冷了，觉得非趁热发泄一下不可。凑巧老白送茶进来，颐谷指着桌子上抓得千疮百孔的稿子，字句流离散失得像大轰炸后的市民，说："你瞧，我回去吃顿饭，出了这个乱子！我临去把誊清的稿子给李先生过目，谁知他看完了就搁在我桌子上，没放在抽屉里，现在又得重抄了。"

老白听话时的点头一变而为摇头，叹口微气说："那可就糟啦！这准是'淘气'干的。'淘气'可真淘气！太太惯了它，谁也不敢碰它根毛。齐先生，您回头告诉老爷，别让'淘气'到书房里来。"他躬着背蠕缓地出去了。

"淘气"就是那闹事的猫。它在东皇城根穷人家里，原叫作"小黑"。李太太嫌"小黑"的称谓太俗，又笑说："那跟门房'老白'不成了一对儿么？老白听了要生气的。"猫送到城南长街李家那天，李太太正在请朋友们茶会，来客都想给它起个好听的名字。一个爱慕李太太的诗人说："在西洋文艺复兴的时候，标准美人都要生得黑，我们读莎士比亚和法国七星派诗人的十四行诗，就知道使他们颠倒的都是些黑美人。我个人也觉得黑比白来得神秘，富于含蓄和诱惑。一向中国人喜欢女人皮肤白，那是幼稚的审美观念，好比小孩只爱吃奶，没资格喝咖啡。这只猫又黑又美，不妨借莎士比亚诗里的现成名字，叫它'Dark Lady'，再雅致没有了。"有两个客人听了彼此做个鬼脸，因为这诗人说话明明双关着女主人。李太太自然极高兴，只嫌"Dark Lady"名字太长。她受过美国式的教育，养成一种逢人叫小名以表亲昵的习气，就是见了莎士比亚的面，她也会叫他 Bill，何况猫呢？所以她采用诗人的提议，同时来个简称，叫"Darkie"。大家一致叫："妙！"这猫听许多人学自己的叫声，莫名其妙，也和着叫："妙！妙！"（miaow！miaow！）没人想到这简称的意义并非"黑美人"，而正是李太太嫌俗的"小黑"。一个大名鼎鼎的老头子，当场一言不发，回家翻了半夜的书，明天清早赶来看李太太，讲诗人的坏话道："他懂什么？我当时不好意思跟他抬杠，所以忍住没有讲。中国人一向也喜欢黑里俏的美人，就像妲己，古文作'黬己'，就是说她又黑又美。黬己刚是'Darkie'的音译，并且也译了意思。哈哈！太巧了，太巧了！"这猫仗着女主人的爱，专闹乱子，不上一星期，它的外国名字叫滑了口，变为跟Darkie双声叠韵的诨名："淘气"。所以，好像时髦教会学校的学生，这畜生中西名字，一应俱全，而且未死已蒙谥法——诨名。它到李家不足两年，在这两年里，日本霸占了东三省，北平的行政机构改组了一次，非洲亡了一个国，兴了一个帝国，国际联盟暴露了真相，只算一个国际联梦或者一群国际联盲，但是李太太并没有换丈夫，淘气还保持着主人的宠爱和自己的顽皮。在这变故反复的世界里，多少人对主义和信仰能有同样的恒心呢？

…………

结婚十年来，李先生心广体胖，太太称他好丈夫，太太的朋友说他够朋友。上个月里，他无意中受了刺激。在一个大宴会上，一位冒失的年轻剧作家和他夫妇俩同席。这位尚未出头的剧作家知道同席有李太太，透明地露出满腔荣幸。他又要恭维李太太，又要卖弄才情，一张嘴简直分不出空来吃菜。上第三道菜时，他蒙李太太惠许上门拜访，愿偿心定，可以把一部分注意力转移到吃饭上去。心难二用，他已经够忙了；实在顾不到建侯，没和他敷衍。建侯心上十分不快，回家后嘀咕说这年轻人不通世故。那小子真说到就做，第二天带了一包稿子赶上门来，指名要见李太太。建侯忽然发了傻孩子劲，躲在客堂外面偷听。只听他寒暄以后，看见沙发上睡的淘气，便失声惊叹，赞美这猫儿"真可爱！真幸福！"把稿子"请教"以后，他打听常来的几个客人，说有机会都想一见。李太太泛泛说过些时候请他喝茶，大家认识认识。他还不走，又转到淘气身上，说他自己也最爱猫，猫是理智、情感、勇敢三德全备的动物：它扑灭老鼠，像除暴安良的侠客；它静坐念佛，像沉思悟道的哲学家；它叫春求偶，又像抒情歌唱的诗人。他还说什么暹罗猫和波斯猫最好，可是淘气超过它们。总而言之，他恭维了李太太，赞美淘气，就没有一句话问到李先生。这事唤起建侯的反省，闷闷不乐了两天，对于个人生活下了改造的决心。从今以后，他不愿借太太的光，要自己有个领域，或做官，或著作。经过几番盘算，他想先动手著作，一来表示自己并非假充斯文，再则著作也可导致做官。他定了这个计划，最初不敢告诉太太，怕她泼冷水。一天他忍不住说了，李太太出乎意料地赞成，说："你要有表现，这也是时候了。我一向太自私，没顾到耽误了你的事业！你以后专心著作，不用陪着我外面跑。"

弃猫（节选）
陈冠学

……忽听见一个男人高声呼唤："阿憨丫（a gām à），阿憨丫。"接着一个女人高声呼唤："阿美丫（a bái à），阿美丫。"听见过的许许多多人名，从来不曾遇见过这么土直的名字。好生好奇，遂向发声处走去。只见一块刚收成过的蔗田边角上，一幢新起的瓦顶平屋，一个二十七八岁的男子，一个二十出头的女子，面向西，朝空田呼唤着。驻了足，在庭边看，心里不由得迷惑。不一会儿，远远地看见有三只约三个月大的猫，尽力地赶向这边奔来。这时听见这一对年轻人带着爱意高声责备着：

"好贪玩噢，竟然跑那样远，不怕被野狗吃了！"

那三只猫只一眨眼工夫早已赶到两人的面前，那年轻女子弯下腰去，这时才看出她手里端着一碗猫食。

至此我恍然大悟，原来阿憨和阿美是三只猫当中两只的名字，正不知道那另一只是什么名称。我不由得笑出声来。

…………

据说阿憨是三只猫当中最大的一只，乃是一只灰色的公猫，当然它是老大，性情最亲近人，才一招呼，便喵喵娇叫着，张着红红的嘴走了出来。阿狂说它被烤了猫肉都不知道，就给起了阿憨这个名字。其次是一只花色的公猫，跟在老大的后面，保持了一段距离，慢慢地出来，态度斯文而谨慎，阿狂叫它英国绅士；还戴着长白手套，穿着白长靴呢！这第二只猫体形瘦长而漂亮，正配合它的性情和身份。第三只猫，可是熬了一整天都不肯出来。……后来抓着了它才晓得是只土斑色的母猫。这只猫，因着母性，天生机警、谨慎、不信任人到了极点，无论如何它只肯到四五丈深的边缘。阿狂和阿痴不忍它整天啼叫，喂饱了阿憨和英国绅士，就放了它们进蔗田去，好跟小妹妹做伴。

雪中小猫(节选)

琦君

雪积了一尺多高,细鹅毛还在空中飞舞。我披了厚大衣,戴上绒帽走出去,沿着旁人踩过的脚印,一步步向前蹒跚。半个身子没在雪沟中,一片无边无际的白。一只大黑狗,从邻家蹦跳出来,随着小主人在雪中打滚,身上、鼻子上、额头上全是雪。"黑狗身上白、白狗身上肿",真好可爱。我拍拍它,摸摸它下巴,它向我摇摇尾巴。我忽然想起自己的"黑美人"凯蒂,如果我把它带来,它一定只能坐在窗台上,隔着玻璃向外望雪,因为它胆子好小。可是隔着千山万水,我怎能把它带来?现在,我也不必再挂念它了,因为它已经走了,离开这个世界、离开我。

雪地里站着一个中年美国妇人,怀里抱着一只胖圆圆的三色小猫,像有磁石吸引似的,我迈向前去,微笑地问她:

"我可以摸摸它吗?"

"当然可以,你要抱一下吗?它对谁都友善极了。"

我把它抱过来,搂着它,亲它,它那一对绿眼睛多情地望着我,伸出舌头舔我的手背。它真是好亲昵,如果我也能天天抱着它该多好,我不禁喊了它一声凯蒂。

"它不叫凯蒂,它的名字是Playful。"

"噢,Playful。"我当然知道它的名字不叫凯蒂。

它的主人絮絮地告诉我它的聪明伶俐,讨人欢心。它原来是一只小小的野猫,被她收留了。现在,有它陪着,日子过得好丰富、好温暖。

我也曾有一只小花猫,忽然来到窗外,把鼻子贴在玻璃上,向我痴望。我抱它进屋来,喂它牛奶、蛋糕。像凯蒂一样,它坐在书桌上静静地陪我看书。晚上睡在我肩膀旁边,鼻子凉凉的,时常碰到我的脸。可是它只陪了我三天三夜,却忽然不见了。每个清晨和傍晚,在风中,在雨中,我出去找它。千呼万唤……我唤它凯蒂,因为它就是我的凯蒂,可是它没有回来,就此倏然而逝。邻居告诉我,野猫野狗到冬天都会被卫生局带走,如无人收养,就打针让它们安眠,免得大风雪天它们在外飘零受冻挨饿。我看看怀中的猫,但愿它就是那只小花猫,已经找到了温暖的家,可是它不是的。那只小花猫到哪儿去了呢?它没有在雪中流浪,难道它已经被带走了吗?儿子来信告诉我,凯蒂自从我走后,不吃饭,不跳不跑,只是病恹恹地睡,饿了几个月,它就静悄悄地去了。它去的日子,正是这只小花猫来陪伴我的日子,那么它是凯蒂的化身吗?

它是特地来向我告别的吗?

美国妇人还在跟我说她的小猫。我想告诉她,我也有过这样一只可爱的猫,可惜已经不在了。但我没有说,还是不说的好。

每当深夜醒来,凯蒂总像睡在我身边。白天我坐在书桌前,它照片里一对神采奕奕的眼睛一直在望着我,凯蒂何曾离我而去?

我把小猫还给主人,她向我摆摆手走了。小猫从她肩上翘起头来看我,片刻偎依,便似曾相识。我又在心里低低地喊它:

"凯蒂,我好想你啊。"

海明威有一篇小说《雨中小猫》。那个美国少妇到了陌生的意大利,没有人和她说话,没有人懂她的心意,连丈夫也只顾看书,头都不抬一下。她寂寞地靠在阳台上看雨景,看到雨中一只彷徨无主的小猫。她忽然觉得自己想要一只小猫,她就去追它,一边喃喃地说:"我要一只小猫,我就是要一只小猫。"海明威真是懂得寂寞滋味的人。

好几年前,我卧病住医院时,深夜就时常有一只猫来窗外哀鸣,它一定是前面的病人照顾过的;但他不能带它走,于是我也照顾了它一段日子。我出院后,它一定依旧守在窗边,等第三个爱顾它的人。

父亲的玳瑁

鲁彦

在墙脚根刷然溜过的那黑猫的影,又触动了我对于父亲的玳瑁的怀念。

净洁的白毛的中间,夹杂些淡黄的云霞似的柔毛,恰如透明的妇人的玳瑁首饰的那种猫儿,是被称为"玳瑁猫"的。我们家里的猫儿正是那一类,父亲就给了它"玳瑁"这个名字。

在近来的这一匹玳瑁之前,我们还曾有过另外的一匹。它有着同样的颜色,得到了同样的名字,同是从我姊姊家里带来,一样地为我们所爱。

但那是我不幸的妹妹的玳瑁,它曾经和她盘桓了十二年的岁月。

而现在的这一匹,是属于父亲的。

它什么时候来到我们家里,我不很清楚,据说大约已有三年光景了。父亲给我的信,从来不曾提过它。在他的理智中,仿佛以为玳瑁毕竟是一匹小小的兽,比不上任何的家事,足以通知我似的。

但当我去年回到家里的时候,我看到了父亲和玳瑁的感情了。

每当厨房的碗筷一搬动,父亲在后房餐桌边坐下的时候,玳瑁便在门外"咪咪"地叫了起来。这叫声是只有两三声,从不多叫的。它仿佛在问父亲,可不可以进来似的。

于是父亲就说了,完全像对什么人说话一样:

"玳瑁,这里来!"

我初到的几天,家里突然增多了四个人,在玳瑁似乎感觉到热闹与生疏的恐惧,常不肯即刻进来。

"来吧,玳瑁!"父亲望着门外,不见它进来,又说了。

但是玳瑁只回答了两声"咪咪",仍在门外徘徊着。

"小孩一样,看见生疏的人,就怕进来了。"父亲笑着对我们说。

但是过了一会儿,玳瑁在大家的不注意中,已经跃上了父亲的膝上。

"哪,在这里。"父亲说。

我们弯过头去看,它伏在父亲的膝上,睁着惧怯的眼望着我们,仿佛预备逃遁似的。

父亲立刻理会它的感觉,用手抚摩着它的颈背,说:"困吧,玳瑁。"一面他又转过来对我们说:"不要多看它,它像姑娘一样的呢。"

我们吃着饭，玳瑁从不跳到桌上来，只是静静地伏在父亲的膝上。有时鱼腥的气息引诱了它，它便偶尔伸出半个头来望了一望，又立刻缩了回去。它的脚不肯触着桌。这是它的规矩，父亲告诉我们说，向来是这样的。

父亲吃完饭，站起来的时候，玳瑁便先走出门外去。它知道父亲要到厨房里去给它预备饭了。那是真的。父亲从来不曾忘记过，他自己一吃完饭，便去添饭给玳瑁的。玳瑁的饭每次都有鱼或鱼汤拌着。父亲自己这几年来对于鱼的滋味据说有点厌，但即使自己不吃，他总是每次上街去，给玳瑁带了一些鱼来，而且给它储存着的。

白天，玳瑁常在储藏东西的楼上，不常到楼下的房子里来。但每当父亲有什么事情将要出去的时候，玳瑁像是在楼上看着的样子，便溜到父亲的身边，绕着父亲的脚转了几下，一直跟父亲到门边。父亲回来的时候，它又像是在什么地方远远望着，静静地倾听着的样子，待父亲一跨进门限，它又在父亲的脚边了。它并不时时刻刻跟着父亲，但父亲的一举一动，父亲的进出，它似乎时刻在那里留心着。

晚上，玳瑁睡在父亲的脚后的被上，陪伴着父亲。

我们回家后，父亲换了一个寝室。他现在睡到弄堂门外一间从来没有人去的房子里了。

玳瑁有两夜没有找到父亲,只在原地方走着,叫着。它第一夜跳到父亲的床上,发现睡着的是我们,便立刻跳了出去。

正是很冷的天气。父亲记念着玳瑁夜里受冷,说它恐怕不会想到他会搬到那样冷落的地方去的。而且晚上弄堂门又关得很早。

但是第三天的夜里,父亲一觉醒来,玳瑁已在床上睡着了,静静地,"咕咕"念着猫经。

半个月后,玳瑁对我也渐渐熟了。它不复躲避我。当它在父亲身边的时候,我伸出手去,轻轻抚摩着它的颈背,它伏着不动。然而它从不自己走近我。我叫它,它仍不来。就是母亲,她是永久和父亲在一起的,它也不肯走近她。父亲呢,只要叫一声"玳瑁",甚至咳嗽一声,它便不晓得从什么地方溜出来了,而且绕着父亲的脚。

有两次玳瑁到邻居去游走,忘记了吃饭。我们大家叫着"玳瑁玳瑁",东西寻找着,不见它回来。父亲却猜到它哪里去了。他拿着玳瑁的饭碗走出门外,用筷子敲着,只喊了两声"玳瑁",玳瑁便从很远的邻屋上走来了。

"你的声音像格外不同似的,"母亲对父亲说,"只消叫两声,又不大,它便老远地听见了。"

"是哪,它只听我管的哩。"

对于寂寞地度着残年的老人,玳瑁所给予的是儿子和孙子的安慰,我觉得。

六月四日的早晨,我带着战栗的心重到家里,父亲只躺在床上远远地望了我一下,便疲倦地合上了眼皮。我悲苦地牵着他的手在我的面上抚摩。他的手已经有点生硬,不复像往日柔和地抚摩玳瑁的颈背那么自然。据说在头一天的下午,玳瑁曾经跳上他的身边,悲鸣着,父亲还很自然地抚摩着它,亲密地叫着"玳瑁"。而我呢,已经迟了。

从这一天起,玳瑁便不再走进父亲的以及和父亲相连的我们的房了。我们有好几天没有看见玳瑁的影子。我代替了父亲的工作,给玳瑁在厨房里备好鱼拌的饭,敲着碗,叫着"玳瑁"。玳瑁没有回答,也不出来。母亲说,这几天家里人多,闹得很,它该是躲在楼上怕出来的。于是我把饭碗一直送到楼上。然而玳瑁仍没有影子。过了一天,碗里的饭照样地摆在楼上,只饭粒干瘪了一些。

玳瑁正怀着孕,需要好的滋养。一想到这,大家更其焦虑了。

第五天早晨,母亲才发现给玳瑁在厨房预备着的另一只饭碗里的饭略略少了一些。大约它在没有人的夜里走进了厨房。它应该是非常饥饿了。然而仍像吃不下的样子。

一星期后，家里的戚友渐渐少了。玳瑁仍不大肯露面。无论谁叫它，都不答应，偶然在楼梯上溜过的后影，显得憔悴而且瘦削，连那怀着孕的肚子也好像小了一些似的。

一天一天家里愈加冷静了。满屋里主宰着静默的悲哀。一到晚上，人还没有睡，老鼠便吱吱叫着活动起来，甚至我们房间的楼上也在叫着跑着。玳瑁是最会捕鼠的。当去年我们回家的时候，即使它跟着父亲睡在远一点的地方，我们的房间里从没有听见过老鼠的声音，但现在玳瑁就睡在隔壁的楼上，也不过问了。我们毫不埋怨它。我们知道它所以这样的原因。

可怜的玳瑁。它不能再听到那熟识的亲密的声音，不能再得到那慈爱的抚摸，它是在怎样的悲伤啊！

三星期后，我们全家要离开故乡。大家预先就在商量，怎样把玳瑁带出来。但是离开预定的日子前一星期，玳瑁生了小孩了。我们看见它的肚子松瘪着。

怎样可以把它带出来呢？

然而为了玳瑁，我们还是不能不带它出来。我们家里的门将要全锁上。邻居们不会像我们似的爱它，而且大家全吃着素菜，不会舍得买鱼饲它。单看玳瑁的脾气，连对于母亲也是冷淡淡的，决不会喜欢别的邻居。

我们还是决定带它一道来上海。

它生了几个小孩，什么样子，放在哪里，我们虽然极想知道，却不敢去惊动玳瑁。我们预定在饲玳瑁的时候，先捉到它，然后再寻觅它的小孩。因为这几天来，玳瑁在吃饭的时候，已经不大避人，捉到它应该是容易的。

但是两天后，我们十几岁的外甥遏抑不住他的热情了。不知怎样，玳瑁的孩子们所在的地方先被他很容易地发现了。它们原来就在楼梯门口，一只半掩着的糠箱里。玳瑁和它的小孩们就住在这里，是谁也想不到的。外甥很喜欢，叫大家去看。玳瑁已经溜得远远地在惧怯地望着。

我们想，既然玳瑁已经知道我们发觉了它的小孩的住所，不如便先把它的小孩看守起来，因为这样，也可以引诱玳瑁的来到，否则它会把小孩衔到更没有人晓得的地方去的。

于是我们便做了一个更安适的窠，给它的小孩们，携进了以前父亲的寝室，而且就在父亲的床边。

那里是四个小孩，白的，黑的，黄的，玳瑁的，都还没有睁开眼睛。贴着压着，钻做一团，肥圆的。捉到它们的时候，偶然发出微弱的老鼠似的吱吱的鸣声。

"生了几只呀？"母亲问着。

"四只。"

"嗨，四只！怪不得！扛了你父亲的棺材，不要再扛我的呢！"母亲叹息着，不快活地说。

大家听着这话，愣住了。

"把它们丢出去！"外甥叫着说，但他同时却又喜悦地抚摩着玳瑁的小孩们，舍不得走开。

玳瑁现在在楼上寻觅了，它大声地叫着。

"玳瑁，这里来，在这里。"我们学着父亲仿佛对人说话似的叫着玳瑁说。

但是玳瑁像只懂得父亲的话，不能了解我们说什么。它在楼上寻觅着，在弄堂里寻觅着，在厨房里寻觅着，可不走进以前父亲天天夜里带着它睡觉的房子。我们有时故意作弄它的小孩们，使它们发出微弱的鸣声。玳瑁仍像没有听见似的。

过了一会儿，玳瑁给我们女工捉住了。它似乎饿了，走到厨房去吃饭，却不妨给她一手捉住了颈背的皮。

"快来！快来！捉住了！"她大声叫着。

我扯了早已预备好的绳圈，跑出去。

玳瑁大声地叫着，用力地挣扎着。待至我伸出手去，还没抱住玳瑁，女工的手一松，玳瑁溜走了。

它再不到厨房里去，只在楼上叫着，寻觅着。

几点钟后，我们只得把玳瑁的小孩们送回楼上。它们显然也和玳瑁似的在忍受着饥饿和痛苦。

玳瑁又静默了，不到十分钟，我们已看不见它的小孩们的影子。现在可不必再费气力，谁也不会知道它们的所在。

有一天一夜，玳瑁没有动过厨房里的饭。以后几天，它也只在夜里。待大家睡了以后到厨房里去。

我们还想设法带玳瑁出来，但是母亲说：

"随它去吧，这样有灵性的猫，哪里会不晓得我们要离开这里。要出去自然不会躲开的。你们看它，父亲过世以后，再也不忍走进那两间房里，并且几天没有吃饭，明明在非常的伤心。现在怕是还想在这里陪伴你们父亲的灵魂呢。它原是你父亲的。"

我们只好随玳瑁自己了。它显然比我们还舍不得父亲，舍不得父亲所住过的房子、走过的路以及手所抚摸过的一切。父亲的声音、父亲的形象、父亲的气息，应该都还很深刻地萦绕在它的脑中。

可怜的玳瑁，它比我们还爱父亲！

然而玳瑁也太凄惨了。以后还有谁再像父亲似的按时给它好的食物，而且慈爱地抚摩着它，像对人说话似的一声声地叫它呢？

离家的那天早晨，母亲曾给它留下了许多给孩子吃的稀饭在厨房里。门虽然锁着，玳瑁应该仍然晓得走进去。邻居们也曾答应代我们给它饲料。然而又怎能和父亲在的时候相比呢？

现在距我们离家的时候又已一月多了。玳瑁应该很健康着，它的小孩们也该是很活泼可爱了吧？

我希望能再见到和父亲的灵魂永久同在着的玳瑁。

猫
靳以

猫好像在活过来的时日中占了很大的一部,虽然现在一只也不再在我的身边厮扰。

当着我才进了中学,就得着了那第一只。那是从一个友人的家中抱来,很费了一番手才送到家中。她是一只黄色的,像虎一样的斑纹,只是生性却十分驯良。那时候她才下生两个月,也像其他小猫一样欢喜跳闹,却总是被别的欺负的时候居多。友人送我的时候就这样说:

"你不是欢喜猫么,就抱去这只吧。你看她是多可怜的样子,怕长不大就会死了。"

我都不能想那时候我是多么高兴,当我坐在车上,装在布袋中的她就放在我的腿上。呵,她是一个活着的小动物,时时会在我的腿上蠕动的。我轻轻地拍着她,她不叫也不闹,只静静地卧在那里,像一个十分懂事的东西。我还记得那是夏天,她的皮毛使我在冒着汗,我也忍耐着。到了家,我放她出来。新的天地吓得她更不敢动,她躲在墙角或是椅后那边哀哀地鸣叫。她不吃食物也不饮水,为了那份样子,几乎我又送她回去。可是过了两天或是三天,一切就都很好了。家中人都喜欢她,除开一个残忍成性的婆子。我的姊姊更爱她,每餐都是由她来照顾。

到了长成的时节,她就成为更沉默更温和的了。她从来也不曾抓伤过人,也不到厨房里偷一片鱼。她欢喜蹲在窗台上,眯着眼睛,像哲学家一样地沉思着。那时候阳光正照了她,她还要安详地用前爪在脸上抹一次又一次的。家中人会说:

"链哥儿抱来的猫,也是那样老实呵!"

到后她的子孙们却是有各样的性格。一大半送了亲友,留在家中的也看得出贤与不肖。有的竟和母亲争斗,正像一个浪子或是泼女。

她自己活得很长远,几次以为是不能再活下去了,她还能勉强地活过来,终于一双耳朵不知道为什么枯萎下去。她的脚步更迟钝了,有时鸣叫的声音都微弱得不可闻了。

她活了十几年,当着祖母故去的时候,已经入殓,还停在家中;她就躺在棺木的下面死去。想着是在夜间死去的,因为早晨发觉的时候她已经僵硬了。

住到×城的时节,我和友人B君共住了一个院子。那个城是古老而沉静的,到处都是树,清寂幽闭。因为是两个单身男子,我们的住处也正像那个城。秋天是如此，春天也是如此。墙壁粉了灰色，每到了下午便显得十分黯淡。可是不知道从哪里却跳来了一只猫，她是在我们一天晚间回来的时候发现的。我们开了灯，她正端坐在沙发的上面，看到光亮和人，一下就不知道溜到哪里去了。

我们同时都为她那美丽的毛色打动了，她的身上有着各样的颜色，她的身上包满了茸茸的长绒。我们找寻着，在书架的下面找到了。她用惊疑的眼睛望着我们，我们即刻吩咐仆人，为她弄好了肝和饭，我们故意不去看她，她就悄悄地就食去了。

从此在我们的家中，她也算是一个。

养了两个多月，在一天的清早，不知逃到哪里去了。她仍是从风门的窗格里钻出去（因为她，我们一直没有完整的纸糊在上面），到午饭时不见回来。我们想着下半天，想着晚饭的时候；可是她一直就不曾回来。

那时候，虽然少了一只小小的猫，住的地方就显得阔大寂寥起来了。当她在我们这里的时候，那些冷清的角落，都为她跑着跳着填满了；为我们遗忘了的纸物，都由她有趣地抓了出来。一时她会跑上座灯的架上，一时她又跳上了书橱。可是她把花盆架上的一盆迎春拉到地上，碎了花盆的事也有过，记得自己真就以为她是一个有性灵的生物，申斥她，轻轻地打着她；她也就畏缩地躲在一旁，像是充分地明白了自己的过错似的。

平时最使她感觉到兴趣的事，怕就是钻进抽屉中的小睡。只要是拉开了，她就安详地走进去，于是就故意又为她关上了。过些时再拉开来，她也许还未曾醒呢！有的时候是醒了，静静地卧着，看到了外面的天地，就站起来，拱着背缓缓地伸着懒腰。她会跳上了桌子，如果是晚间，她就分去了桌灯给我的光，往返地踱着，她的影子晃来晃去的，却充满了我那狭小的天地，使我也有着热闹的感觉。突然她会为一件小小的物件吸引住了，以前爪轻轻地拨着，惊奇地注视着被转动的物件，就退回了身子，伏在那里，还是一小步一小步地退缩着——终于是猛地向前一蹿，那物件落在地上，她也随着跳下去。

我们有时候也用绒绳来逗引，看着她轻巧而窈窕地跳着。时常想到的就是"摘花赌身轻"的句子。

她的逃失呢，好像是早就想到了的。不是因为从窗里望着外面，看到其他的猫从墙头跳上跳下，她就起始也跑到外面去么？原是不知何所来，就该是不知何所去。只是顿然少去了那么一只跑着跳着的生物，所住的地方就感到更大的空洞了。想着这样的情绪也许并不是持久的,过些天或者就可以忘怀了。只是当着春天的风吹着门窗的纸,就自然地把眼睛望着她日常出入的那个窗格,还以为她又从外面钻了回来。

"走了也好,终不过是不足恃的小人呵!"

这样地想了,我们的心就像是十分安然而愉快了。

过了四个月,B君走了,那个家就留给我一个人。如果一直是冷清下来,对于那样的日子我也许能习惯了;却是日愈空寂的房子,无法使我安心地守下去。但是我也只有忍耐之一途。既不能在众人的处所中感到兴趣,除开面壁枯坐还有其他的方法么?

一天,偶然地在市集中售卖猫狗的那一部,遇到一个老妇人和一个四五岁的女孩。她问我要不要买一只猫。我就停下来,预备看一下再说。她放下在手中的竹篮,解开盖在上面的一张布,就看到一只生了黄黑斑的白猫,正自躺在那里。在她的身下看到了两只才生下不久的小猫。一只是黑的,毛的尖梢却是雪白;那一只是白的,头部生了灰灰的斑。她和我说因为要离开这里,就不得不卖了。她和我要了极合理的价钱,我答应了,付过钱,就径自去买一个竹筐来。当着我把猫放到我的筐子里,那个孩子就大声哭起来。她舍不得她的宝贝。她丢下老妇人塞到她手中的钱。那个老妇人虽是爱着孩子,却好像钱对她真有一点用,就一面哄着一面催促着我快些离开。

叫了一辆车，放上竹筐，我就回去了。留在后面的是那个孩子的哭声。

诚然如那个老妇人所说，她们是到了天堂。最初几天那两只小猫还没有张开眼，从早到晚只是咪咪地叫着。我用烂饭和牛乳喂它们，到张开了眼的时候，我才又看到那个长了灰色斑的两个眼睛是不同的：一个是黄色，一个是蓝色。

大小三只猫，也尽够我自己忙的了（不止我自己，还有那个仆人）。大的一只时常要跑出去，小的就不断地叫着。她们时常在我的脚边缠绕，一不小心就被踏上一脚或是踢翻个身。她们横着身子跑，因为把米粒粘到脚上，跑着的时候就答答地响着，像生了铁蹄。她们欢喜坐在门限上望着外面，见到后院的那条狗走过，她们就哧哧地叫着，毛都竖起来，急速地跳进房里。

为了她们，每次晚间回来都不敢提起脚步来走，只是溜着，开了灯，就看到她们偎依着在椅上酣睡。

渐渐地她们能爬到我的身上来了，还爬到我的肩头，她们就像到了险境，鸣叫着，一直要我用手把她们再捧下来。

这两只猫仔，引起了许多友人的怜爱，一个过路友人离开了这个城还在信中殷殷地问到。她说过要有那么一天，把这两只猫拿走的。但是为了病着的母亲的寂寥，我就把她们带到了××。

我先把她们的母亲送给了别人，我忘记了她们离开母亲会成为多么可怜的小动物。她们叫着，不给一刻的宁静，就是食物也不大能引着她们安下去。她们东找找西找找，然后就失望地朝了我。好像告诉我她们是丢失了母亲，也要我告诉她们：母亲到了哪里？两天都是这样，我都想再把那只大猫要回来了。后来友人告诉我说是那个母亲也叫了几天，终于上了房，不知到哪里去了。

因为要搭乘火车的，我就在行前的一日把她们装到竹篮里。她们就叫，吵得我一夜也不能睡，我想着这将是一桩麻烦的事，依照路章是不能携带猫或狗的。

早晨，我放出她们喂，吃得饱饱的（那时候她们已经消灭了失去母亲的悲哀），又装进竹篮里。她们就不再叫了。一直由我把她们安然地带回我的母亲的身边。

母亲的病在那时已经是很重了，可是她还是勉强地和我说笑。她爱那两只猫。她们也是立刻跳到她的身前。我十分怕看和母亲相见相别时的泪眼，这一次有这两个小东西岔开了母亲的伤心。

不久，她们就成为一种累赘了。当着母亲安睡的时候，她们也许咪咪地叫起来。当母亲为病痛所苦的时候，她们也许要爬到她的身上。在这情形之下，我只能把她们交付了仆人，由仆人带到他自己的房中去豢养。

母亲的病使我忘记了一切的事，母亲故去了许久我才问着仆人那两只猫是否还活下来。

仆人告诉我她们还活着的，因为一时的疏忽，她们的后腿冻跛了。可渐渐地好起来，也长大了，只是不大像从前那样洁净。

我只是应着，并没有要他把她们拿给我，因为被母亲生前所钟爱，她们已经成为我自己悲哀的种子了。

一个诗人

徐志摩

我的猫,她是美丽与壮健的化身,
今夜坐对着新生的发珠光的炉火,
似乎在讶异这温暖的来处的神奇。
我想她是倦了的,
但她还不舍得就此窝下去闭上眼睡,
真可爱是这一旺的红艳。
她蹲在她的后腿上,
两只前腿静穆地站着,
像是古希腊庙楹前的石柱,
微昂着头,
露出一片纯白的胸膛,
像是西比利亚的雪野。
她有时也低头去舐她的毛片,
她那小红舌灵动得如同一剪火焰。
但过了好多时她还是壮直地坐望着火。
我不知道她在想些什么,
但我想她,这时候至少,
决不在想她早上的一碟奶,

或是暗房里的耗子，
也决不会想到屋顶上去作浪漫的巡游，
因为春时已经不在。
我敢说，我不迟疑地替她说，
她是在全神地看，在欣赏，
在惊奇这室内新来的奇妙——
火的光在她的眼里闪动，
热在她的身上流布，
如同一个诗人在静观一个秋林的晚照。
我的猫，
这一晌至少，
是一个诗人，
一个纯粹的诗人。

人与猫（节选）
严文井

天是宽阔的，淡色的。

一只猫不声不响地来了，沿着一道矮墙。那完全是一只吉卜林所说的独自行走的猫，悄然拖着黑色的尾巴，很野地走着。

人看见了它，简单地笑了笑，就低声仿效它的呼唤。模仿得很好，这是一个古老的魔法，猫在墙的中段坐下了，用青绿的大眼看着这个奇异的不相识者。

"晚上好！很古的时候，在林莽中，我们彼此都是认识的。记不记得你是第几个从丛林中走出来的？你说不，对的，因为也有人这样说。你是野的，最野的朋友。"

人忧郁地笑着。

猫的眼睛闪着光，却珍惜着它的声音。

人再一次呼唤，它才开始小声答应。人慢慢靠近它。那是一只才长大的雄猫，毛粗，花纹显著。当人的手触到它背脊的时候，它突然跳开了。但是只一会儿，它又为那魔法的仿效声所吸引，又轻轻转回来。它决心给予信任，把脑袋伸给人的手，于是人摸摸它。

"这样很好,不是吗?而刚才是很坏的,你学会了怀疑。现在你应该欢喜,我会细心抚摸你的。"

猫驯服地蹲下了,享受着爱抚。

"你骄傲的小家伙,自甘于与世隔绝。不过我们会成为朋友,在不久以后。我的嗓子还不差,对吗?我不觉得有什么差异存在于我们中间。你听我,这声音有一点沙哑,但不太难听。这是由于好久不谈话。猫可能不会有这样的声音。可惜一会儿这声音就会改变掉,我喜欢这种沙哑的味儿。"

…………

猫呼呼地睡在那只手下了。

人突然觉得自己好笑,这是在干怎样的一件愚蠢事呀,没有想到自己的语言会以这种奇特的方式泄露出来。猫似乎睡得很好,他决心不惊动它,悄悄走开。

"以奥!如……天!"

猫站了起来,依恋地鸣叫,并且摆动那条竖立着的长尾巴。

人对它挥了挥手,在树干后隐住了身子,听它鸣叫着沿墙远去。在天旁,猫的黑色的尾摆动着。

月亮,升到一座沉睡的钟楼的尖上。

写于 1937 年 5 月

黑猫

〔奥〕里尔克　张索时 / 译

鬼尚且跟实地一样,
你的目光射过去噗地立住；
而你最强劲的窥视落在
这黑色毛皮上就立刻溶解：

恰似疯人狂怒时
一头扎进黑暗,
陡然撞到囚室的软面墙
登时力馁而散。

无论什么目光一旦遇见她,
看来就此藏在身上,
好汹汹然怒察
和挟以入睡。
可是突然,像被惊醒,
她转过脸直对着你的脸：
你又遇见你的目光在她的
琥珀黄圆瞳里

不期而然:嵌困于中
如绝种的昆虫。

猫缘（节选）

席慕蓉

一

女孩有一个很甜蜜的家。在高高的山坡上，有一个很大的庭园。父亲和姊姊们都爱养狗，因此院子里总有一两只小狗跑来跑去。女孩也很喜欢狗，不过，她最爱的，恐怕是一只尾巴折起来的小黄猫。

那是她上大学时，一个男同学送她的，刚带回来的时候，又瘦又丑，一副不讨喜欢的样子。她耐心地喂食，慢慢地调理，过了一个春天，居然也长得很有模有样了。猫大概自己也知道，坐在墙上晒太阳时，总装得很威武，金黄色的毛闪闪发光。只是母亲有令，猫狗一律不准进屋子，父亲和孩子们只好趁母亲不在家时，偷偷地把宠物抱进来玩一玩。

女孩那时候想出国，晚上常去上西班牙文课，或者法文课，回家总是很晚了，她的猫常常会跑到巷口来等她。有月亮的晚上，刚刚爬上坡，离家门还好远的距离的时候，猫就认出她来了。巷子里空无一人，忽然之间，从墙上跳下一个东西，在地上打起滚来，虽然明知是她的猫，可是，每次还是会吓一跳。

然后，就会想到这小东西不知道从什么时候就开始等在这里，从高高的墙上引颈等待它的主人，不禁从心里对它又爱又疼起来。就一路咪咪咪咪地叫过去，猫大概也知道主人的心，所以总是躺在地上撒娇，一直到女孩走近，把它抱起来，它才心满意足呼噜呼噜地靠在她怀中。

二

出国以后，想家想得紧，女孩唯一能解乡愁的方法就是给父母亲写一封又一封的长信，最后总会带上一句，拜托多抱一抱小黄猫。

刚离家，心里总是慌慌的，也不大出去玩，"中国同学会"的会长硬到她宿舍把她请出来，带她到学生中心去过周末。有中国人的地方是比较温暖的，大家挤在厨房里包饺子，女孩虽然不会包，但是跟着打杂，心里也高兴起来了。

"嗨！老兄，怎么不吃饭就走？"会长向餐厅那个方向大声说话，大概有个同学有事要先走。

"抱歉，我约好了人去车站接人，等会儿再来，给我留点儿饺子好吗？"那个同学一面回答一面打开门走了。他大概是北方人，说得一口标准普通话，声音也非常好听，好像是有一种磁性的男低音。

女孩下意识地从厨房伸头出去看看,却刚好看到关上的门,心中不禁有点失望。她实在有点好奇,想看看有这么好听的声音的人,长得是什么样子。

不知道是车子误点,还是朋友把他带走了,一直到最后一个饺子都被人吃光了为止,那个声音都没出现。女孩想问会长为什么不替他留几个饺子,却又不知道该怎么开口。

有一点怅然,想着下个礼拜还要来。

三

接下来的几个礼拜,学校功课很多,到了周末还要赶作业,加上女孩生性好强,考试总想出人头地,于是,更没有时间出去玩了,早已把这件事情忘记得干干净净。

一直到夏天都到了,会长的一个电话,才又让她去了一趟学生中心。

火车到站时,她自己已认得路,慢慢地找过去。时间还早,图书馆里没人,乒乓球室也没人,餐厅也是空的。到了厨房,只看到有一个高大的男生蹲在角落里忙着,她走过去一看,在刚做好的舒适的窝里,四只圆滚滚的小猫睡成一堆,有白有黑有黄,可爱极了,她不禁叫起来:

"哎呀！好可爱哟！"一面就要伸手去抱。

"小姐，别碰！让它们的妈妈把这碗饭吃完好吗？"

那个男生伸手拦住她，同时还指一下在窝旁不安的老猫，那个老猫可真瘦！

"好可怜的老猫，没东西吃还要喂小的，你看，几天就瘦下来了。"

还是那个男生在讲话，这时候，女孩想起来了，这就是那个她很想看一下的男低音，不禁好奇地对男生看过去，那个男生也正好转过脸来。

于是，故事就这样开始了。

四

两年以后，他们订了婚，再过两年，他们结了婚。

在结婚的前夕，女孩问男孩，他想不想知道，她为什么嫁给他。新郎说想听，于是，新娘就说了，很郑重其事地：

"第一，我爱听你的声音，你的标准普通话。第二，因为你爱猫。我想，一个那么爱猫的男生，一定有一颗善良的心，将来除了爱猫之外，一定也爱太太，爱小孩。"

…………

猫(节选)

夏丏尊

白马湖新居落成,把家眷迁回故乡的后数日,妹就携了四岁的外甥女,由二十里外的夫家雇船来访。……

新居在一个学校附近,背山临水,地位清静,只不过平屋四间。论其构造,连老屋的厨房还比不上,妹却极口表示满意:

"虽比不上老屋,终究是自己的房子。我家在本地已有许多年没有房子了!自从老屋卖去以后,我多少被人瞧不起!每次乘船行过老屋的面前,真是……"

…………

忽然,天花板上起了嘈杂的鼠声。

"新造的房子,老鼠就这样多了吗?"妹惊讶地问。

"大概是近山的缘故吧。据说房子未造好就有了老鼠的。晚上更厉害,今夜你听,好像在打仗哩,你们那里怎样?"妻说。

"还好,我家有猫。——快要产小猫了,将来可捉一只来。"

"猫也大有好坏,坏的猫老鼠不捕,反要偷食,到处撒屎,还是不养好。"我正在寻觅轻松的话题,就顺了势讲到猫上去。

"猫也和人一样,有种子好不好的。我那里的猫是好种,不偷食,每朝把屎撒在盛灰的畚斗里。——你记得从前老四房里有一只好猫吧。我们那只猫就是从老四房里讨去的小猫。近来听说老四房里断了种了,——每年生一胎,附近养蚕的人家都来千求万恳地讨,据说讨去的都不淘气。现在又快要生小猫了。"

老四房里的那只猫向来有名。最初的老猫是曾祖在时就有了的,不知是哪里得来的种子,白地小黄黑花斑,毛色很嫩,望去像上等的狐皮"金银嵌"。善捉鼠,性子却柔驯得了不得。我小时候常去抱来玩弄,听它念肚里佛,掰开它的眼睛来看,不啻是一个小伴侣。后来我由外面回家,每走到老四房去,有时还看见这小伴侣的子孙。也曾想讨一只小猫到家里去养,终难得逢到恰好有小猫的机会,自迁居他乡,十年来久不忆及了。不料现在种子未绝,妹家现在所养的,不知已是最初老猫的几世孙了。家道中落以来,田产室庐大半荡尽,而曾祖时代的猫尚间接地在妹家留着种子,这真是一种不可思议的缘,值得叫人无限感兴的了。

"哦!就是那只猫的种子!好的,将来就给我们一只。那只猫的种子是近地有名的,花纹还没有变吗?"

"你欢喜哪一种?——大约一胎多则三只,少则两只。其中大概有一只是金银嵌的,有一二只是白中带黑斑的,每年都是如此。"

"那自然要金银嵌的啰。"我脑中不禁浮出孩时小伴侣的印象来,更联想到那如云的往事,为之茫然。

妻和妹之间,猫的谈话仍继续着。儿女中大些的张了眼听,最小的阿满摇着妻的膝问:"小猫几时会来?"我也靠在藤椅上吸着烟默然听她们。

"猫小的时候,要教会它才好。如果撒屎在地板上了,就捉到撒屎的地方,当着它的屎打,到碗中偷食吃的时候,就把碗摆在它的前面打。这样打了几次,它就不敢乱撒屎多偷食了。"

妹的猫教育论,引得大家都笑了。

次晨,妹说即须回去,约定过几天再来久留几日,临走的时候还说:

"昨晚上老鼠真吵得厉害,下次来时,替你们把猫捉来吧。"

妹去后,全家多了一个猫的话题。最性急的自然是小孩,她们常问"姑妈几时来",其实都是为猫而问。我虽每回回答她们:"自然会来的,性急什么?"

而心里也对于那与我家一系有二十多年历史的猫，怀着迫切的期待，巴不得妹——猫快来。

妹的第二次来，在一个月以后，带来的只是赠送小孩的果物和若干种的花草苗种，并没有猫。说小猫前几天才出生，要一个月后方可离母。此次生了三只，一只是金银嵌的，其余两只是黑白花和狸斑花的，讨的人家很多，已替我们把金银嵌的留定了。

猫的被送来已是妹第二次回去后半月光景的事。那时已过端午，我从学校回去，一进门，妻就和我说：

"妹妹今天差人把猫送来了，她有一封信在这里。说从回去以后就有些不适。大约是发寒热，不要紧的。"

我从妻手里接了信草草一看，同时就向室中四望：

"猫呢？"

"她们在弄它。阿吉，阿满，你们把猫抱来给爸爸看！"

立刻，听得柔弱的"尼亚尼亚"声，阿满从房中抱出猫来：

"会念佛的，一到就蹲在床下。妈说它是新娘子呢。"

我熟视着女儿手中的小猫说：

"还小呢，别去捉它，放在地上，过儿大会熟的。当心碰见狗！"

阿满将猫放下。猫把背一耸就踉跄地向房里遁去。接着就从房内发出柔弱的"尼亚尼亚"的叫声。

"去看看它躲在什么地方。"阿吉和阿满蹑了脚进房去。

"不要去捉它啊!"妻从后叮嘱她们。

猫确是金银嵌,虽然产毛未褪,黄白还未十分夺目,尽足依约地唤起从前老四房里小伴侣的印象。"尼亚尼亚"的叫声,和"咪咪"的呼唤声,在一家中起了新气氛。在我心中却成了一个联想过去的媒介,想到儿时的趣味,想到家况未中落时的光景。

与猫同来的,总以为不成问题的妹的病消息,一二日后竟由沉重而至于危笃,终于因恶性疟疾引起了流产,遗下未足月的女孩而弃去这世界了。

一家人参与丧事完毕从丧家回来,一进门就听到"尼亚尼亚"的猫声。

"这猫真不吉利,它是首先来报妹妹的死信的!"妻见了猫叹息着说。

猫正在檐前伸了小足爬搔着柱子,突然见我们来,就踉跄逃去。阿满赶到橱下把它捉来了,捧在手里:

"你还要逃,都是你不好!妈!快打!"

"畜生晓得什么?唉,真不吉利!"妻呆呆地望着猫这样说,忘记了自己的矛盾,倒弄得阿满把猫捧在手里瞠目茫然了。

"把它关在伙食间里,别放它出来!"我一壁说一壁懒懒地走入卧室去睡。我实在已怕看这猫了。

立时从伙食间里发出"尼亚尼亚"的悲鸣声和嘈杂的搔爬声来。努力想睡,总是睡不着。原想起来把猫重新放出,终于无心动弹,连向那就在房外的妻女叫一声"把猫放出"的心绪也没有,只让自己听着那连续的猫声,一味沉浸在悲哀里。

从此以后,这小小的猫在全家成了一个联想死者的媒介,特别是我。这猫所暗示的新的悲哀的创伤,是用了家道中落等类的怅惘包裹着的。

伤逝的悲怀随着暑气一天一天地淡去,猫也一天一天地长大。从前被全家所诅咒的这不幸的猫,这时候渐被全家宠爱珍惜起来了,当作了死者的纪念物。每餐给它吃鱼,归阿满饲它,晚上抱进房里,防恐被人偷了或是被野狗咬伤。

白玉也似的毛地上,错落的黄黑斑非常明显,蹲在草地上或跳掷在凤仙花丛里的时候,望去真是美丽。附近四邻或路过的人见了称赞说"好猫",这时候,妻脸上就现出一种莫可言说的矜夸,好像是养着一个好儿子或是好女儿。特别是阿满:

"这是我家的猫,是姑母送来的。姑母死了,只剩了这只猫了！"有人称赞猫的时候，她不管那人陌生与不陌生，总会睁圆了眼起劲地对他说明这些。

猫成了一家的宠儿了，每餐食桌旁总有它的位置。偶然偷了食或是乱撒了屎，虽然依妹的教育法是要就地罚打的，妻也总看妹面上宽恕过去。阿吉阿满一从学校里回来就用带子逗它玩，或是捉迷藏似的在庭间追赶它。我也常于初秋的夕阳中坐在檐下对了这跳掷着的小动物作种种的遐想。

那是快近中秋的一个晚上的事：湖上邻居的几位朋友，晚饭后散步到了我家里，大家在月下闲话，阿满和猫在草地上追逐着玩。客去后，我和妻搬进几椅正要关门就寝，妻照例记起猫来：

"咪咪！"

"咪咪！"阿吉阿满也跟着唤。

可是却听不到猫的"尼亚尼亚"的回答。

"没有呢！哪里去了？阿满，不是你捉出来的吗？去寻来！"妻着急起来了。

"刚刚在天井里的。"阿满瞪着眼含糊地回答，一壁哭了起来。

"还哭！都是你不好，夜了还捉出来做什么呢？——咪咪！咪咪！"妻一壁责骂阿满，一壁嘎了声再唤。

"咪咪！咪咪！"我也不禁附和着唤。

可是仍听不到猫的"尼亚尼亚"的回答。

叫小孩睡好了，重新找寻，室内室外，东邻西舍，分头到处寻遍，哪有猫的影儿？连方才谈天的几位朋友都过来帮着在月光下寻觅，也终于不见形影。一直闹到十二点多钟，月亮已照屋角为止。

"夜深了，把窗门暂时开着，等它自己回来吧！——偷是没有人偷的，或者被狗咬死了，但又不听见它叫。也许不至于此，今夜且让它去吧。"

我宽慰着妻，关了大门，先入卧室去。在枕上还听到妻的"咪咪"的呼声。

猫终于不回来。从次日起，一家好像失了什么似的，都觉得说不出的寂寥。小孩放学回来也不如平日的高兴。特别在我，于妻女所感得的以外，顿然失却了沉思过去种种悲欢往事的媒介物，觉得寂寥更甚。

第三日傍夜，我因寂寥不过了，独自在屋后山边散步，忽然在山脚田坑中发现猫的尸体。全身粘着水泥，软软地倒在坑里，毛贴着肉，身躯细了好些，项有血迹，似确是被狗或野兽咬毙了的。

"猫在这里！"我不自觉叫着说。

"在哪里？"妻和女孩先后跑来，见了猫都呆呆的，几乎一时说不出话。

"可怜！一定是野狗咬死的。阿满，都是你不好！前晚你不捉它出来，哪里会死呢？下世去要成冤家啊！——唉！妹妹死了，连妹妹给我们的猫也死了。"妻说时声音呜咽了。

阿满哭了，阿吉也呆着不动。

"进去吧。死了也就算了，人都要死哩，别说猫！快叫人来把它葬了。"我催她们离开。

妻和女孩进去了。我向猫作了最后的一瞥，在黄昏中独自徘徊。日来已失了联想媒介的无数往事，都回光返照似的一时强烈地齐现到心上来。

猫（节选）

张远山

  猫有九条命。第一条死于和狗拚命。因为狗要捉老鼠，断他的粮。然而狗主外，猫主内，正如男主外，女主内。猫之打不过狗，正如女人之打不过男人。但为了猫权，明知打不过狗，也不得不打。……

  第二条命死于扑蝶。由于蝴蝶太漂亮，引起了女主人的瞩目。可是蝴蝶岂是容易扑到的？蝴蝶在猫的眼前一晃，猫愤怒地一把抓去，竟抓瞎了自己的眼睛。后果可想而知，亮眼猫都抓不住老鼠，瞎眼猫只配被老鼠咬死——世上从来就没有"瞎猫碰上死鼠"的好事。但猫并不为丢了一条命而后悔，因为丧命事小，失宠事大。

  第三条命摔死。因为在屋顶与情敌打架，踩个空，从斜屋顶上滚下来，摔在街心。正是：生命诚可贵，自由价更高；若为爱情故，两者皆可抛。

  第四条命死于装小孩哭，也就是叫春。所谓：哪个少女不怀春，哪个猫儿不叫春？所以春天一到，猫就整晚地装小孩"哭"，哭得伤心欲绝，终于一命呜呼。

第五条命被鱼刺鲠死。哪个猫儿不吃腥？虽然猫的正餐是鼠肉，但猫像他的女主人一样爱吃零食。语云：明知鱼有刺，偏把鱼儿吃；拚死吃河豚，舍命陪君子。

第六条命是因为犯了窝藏罪，即所谓"猫匿"。猫是著名的窝藏犯，无论是主人抢了东西，还是主妇偷了东西，猫一律加以包庇窝藏。然而一旦主人主妇东窗事发，也便"机关算尽太聪明，反算了卿卿性命"。

第七条命被人打死。所谓打狗看主人，打猫看主妇。主人的面子，既已被鲁迅的痛打落水狗彻底打掉，主妇的面子也就岌岌可危。……群雌粥粥，不便明火执仗，但偷偷施以暗算，却比打狗要容易一些。

第八条命死得最蹊跷。有鉴于"狡兔死，走狗烹"的前车之鉴，猫对老鼠的逝世表现出了并非假慈悲的真正痛心。尽管狗是猫的死敌，但幸灾乐祸的猫立刻醒悟：鼠患一除，猫亡无日。只要老鼠存在，她的地位就永远不会动摇。因此，猫决定对鼠辈实行姑息政策，把昔日的主食鼠肉，仅仅当成了"精神食粮"。结果不难想象，人人喊打又人人不打的小老鼠终于养成了硕鼠——硕鼠最终把猫吃了。

剩下最后一条命，因主人的刻意保护而得以"苟全性命于乱世"。主人的用意大概有二：一、本座并未否认鼠患猖獗,并且始终有打击鼠辈的决心与措施,有猫为证。二、下官治下虽然并非十全十美,但毕竟还有不是鼠辈的在。

猫鼠的故事
孙犁

目前，我屋里的耗子多极了。白天，我在桌前坐着看书或写字，它们就在桌下来回游动，好像并不怕人。有时，看样子我一跺脚就可以把它踩死，它却飞快跑走了。夜晚，我躺在床上，偶一开灯，就看见三五成群的耗子，在地板、墙根串游，有的甚至钻到我的火炉下面去取暖，我也无可奈何。

有朋友劝我养一只猫。我说，不顶事。

这个都市的猫是不拿耗子的。这里的人们养猫，是为了玩，并不是为了叫它捉耗子，所以耗子方得如此猖獗。这里养猫，就像养花种草、玩字画古董一样，把猫的本能给玩得无影无踪了。

我有一位邻居，也是老干部，他养着一只黄猫，据说品种花色都很讲究。每日三餐，非鱼即肉，有时还喂牛奶。三日一梳毛，五日一沐浴。每天抱在怀里抚摩着，亲吻着。夜晚，猫的窝里，有铺的，有盖的，都是特制的小被褥。

这样养了十几年，猫也老了，偶尔下地走走，有些蹒跚迟钝。它从来不知耗子为何物，更不用说有捕捉之志了。

我还是选用了我们原始祖先发明的捕鼠工具：夹子。支得得法，每天可以打住一只或两只。

我把死鼠埋到花盆里去。朋友问我为什么不送给院里养猫的人家。我说：这里的猫，不只不捉耗子，而且不吃耗子。

这是不久以前的经验教训。我打住了一只耗子，好心好意送给邻居，说：

"叫你家的猫吃了吧。"

主人冷冷地说：

"那上面有跳蚤，我们的猫怕传染。如果是吃了耗子药，那就更麻烦。"

我只好提了回来，埋在地里。

又过了不久，终于出现了以下如果不是我亲眼所见，一定有人会认为是造谣的场面。

有一家，在阳台上盛杂物的筐里，发现了一窝耗子，一群孩子呼叫着："快去抱一只猫来，快去抱一只猫来！"

正赶上老干部抱着猫在阳台上散步，他忽然动了试一试的兴致，自告奋勇，把猫抱到了筐前，孩子们一齐呐喊：

"猫来了，猫来捉耗子了！"

老人把猫往筐里一放，猫跳出来。再放再跳，三放三跳，终于逃回家去了。

孩子们大失所望，一齐喊："废物猫，猫废物！"

老人的脸红了。他跑到家里，又把猫抱回来，硬把它按进筐里，不松手。谁知道，猫没有去咬耗子，耗子却不客气，把老干部的手指咬伤，鲜血淋淋，只好先到卫生所，去进行包扎。

群儿大笑不止。其实这无足奇怪，因为这只老猫，从来不认识耗子，它见了耗子实在有些害怕。

"文革"期间，我曾回到老家，住在侄子家里。那一年收成不好，耗子却很多。侄子从别人家要来一只尚未断奶的小猫，又舍不得喂它，小猫枯瘦如柴，走路都不稳当。有一天，我看见它从立柜下面，连续拖出两只比它的身体还长一段的大耗子，找了个背静地方全吃了。这就叫充分发挥了猫的本能。

其实，这个大都市，猫是很多的。我住的是个大杂院，每天夜里，猫叫为灾。乡下的猫，是二八月到房顶上交尾，这里的猫，不分季节，冬夏常青。也不分场合，每天夜里，房上房下，窗前门后，互相追逐，互相呼叫，那声音悲惨凄厉，难听极了：有时像狼，有时像枭，有时像泼妇刁婆，有时像流氓混混儿。直至天明，还不停息。早起散步，还看见一院子是猫，发情求配不已。

这样多的猫在院里，那样多的耗子在屋里，这也算是一种矛盾现象吧？

城狐社鼠，自古并称。其实，狐之为害，远不及鼠。鼠形体小，而繁殖众，又密迩人事，投之则忌器，药之恐误伤，遂使此蕞尔细物，子孙繁衍，为害无止境。幼年在农村，闻父老言，捕田鼠缝闭其肛门，纵入家鼠洞内，可尽除家鼠。但做此种手术，易被咬伤手指，终于未曾实验。

1983年4月5日

（略有改动）

"母猫可是我的呀！"

龙协涛

果戈理在彼得堡时，结交了当时俄罗斯的著名演员史迁普金，和他过从甚密。每次史迁普金从莫斯科来，都要拜访果戈理，并且一定要在果戈理家住几天。果戈理创作的很多素材都是他提供的。《旧式的地主》里有个情节，主人公鲁里赫利亚·伊万诺夫娜如何把野猫的出现当成自己死期临近的预兆。这是史迁普金的祖母经历过的事，是史迁普金告诉果戈理的。

有一次，史迁普金碰到果戈理，就这篇作品开玩笑道：

"母猫可是我的呀！"

"然而公猫是我的！"果戈理回答说。公猫确系他的虚构。

（节选自《艺苑趣谈录》）

猫（节选）
老舍

猫的性格实在有些古怪。说它老实吧，它的确有时候很乖。它会找个暖和地方，成天睡大觉，无忧无虑，什么事也不过问。可是，赶到它决定要出去玩玩，就会走出一天一夜，任凭谁怎么呼唤，它也不肯回来。说它贪玩吧，的确是呀，要不怎么会一天一夜不回家呢？可是，及至它听到点老鼠的响动啊，它又多么尽职，闭息凝视，一连就是几个钟头，非把老鼠等出来不拉倒！

它要是高兴，能比谁都温柔可亲：用身子蹭你的腿，把脖儿伸出来要求给抓痒，或是在你写稿子的时候，跳上桌来，在纸上踩印几朵小梅花。它还会丰富多腔地叫唤，长短不同，粗细各异，变化多端，力避单调。在不叫的时候，它还会咕噜咕噜地给自己解闷。这可都凭它的高兴。它若是不高兴啊，无论谁说多少好话，它一声也不出，连半个小梅花也不肯印在稿纸上！它倔强得很！

是，猫的确是倔强。看吧，大马戏团里什么狮子、老虎、大象、狗熊，甚至于笨驴，都能表演一些玩意儿，可是谁见过耍猫呢？（昨天才听说：苏联的某马戏团里确有耍猫的，我当然还没亲眼见过。）

这种小动物确是古怪。不管你多么善待它，它也不肯跟着你上街去逛逛。它什么都怕，总想藏起来。可是它又那么勇猛，不要说见着小虫和老鼠，就是遇上蛇也敢斗一斗。它的嘴往往被蜂儿或蝎子蜇得肿起来。

赶到猫儿们一讲起恋爱来，那就闹得一条街的人们都不能安睡。它们的叫声是那么尖锐刺耳，使人觉得世界上若是没有猫啊，一定会更平静一些。

可是，及至女猫生下两三个棉花团似的小猫啊，你又不恨它了。它是那么尽责地看护儿女，连上房兜兜风也不肯去了。

郎猫可不那么负责，它丝毫不关心儿女。它或睡大觉，或上屋去乱叫，有机会就和邻居们打一架，身上的毛儿滚成了毡，满脸横七竖八都是伤痕，看起来实在不大体面。好在它没有照镜子的习惯，依然昂首阔步，大喊大叫，它匆忙地吃两口东西，就又去挑战开打。有时候，它两天两夜不回家，可是当你以为它可能已经远走高飞了，它却瘸着腿大败而归，直入厨房要东西吃。

过了满月的小猫们真是可爱，腿脚还不甚稳，可是已经学会淘气。妈妈的尾巴，一根鸡毛，都是它们的好玩具，耍上没结没完。一玩起来，它们不知要摔多少跟头，但是跌倒即马上起来，再跑再跌。它们的头撞在门上、桌腿上和彼此的头上。撞疼了也不哭。

它们的胆子越来越大，逐渐开辟新的游戏场所。它们到院子里来了。院中的花草可遭了殃。它们在花盆里摔跤，抱着花枝打秋千，所过之处，枝折花落。你不肯责打它们，它们是那么生气勃勃，天真可爱呀。可是，你也爱花。这个矛盾就不易处理。

现在，还有新的问题呢：老鼠已差不多都被消灭了，猫还有什么用处呢？而且，猫既吃不着老鼠，就会想办法去偷捉鸡雏或小鸭什么的开开荤。这难道不是问题么？

在我的朋友里颇有些位爱猫的。不知他们注意到这些问题没有？记得二十年前在重庆住着的时候，那里的猫很珍贵，须花钱去买。在当时，那里的老鼠是那么猖狂，小猫反倒须放在笼子里养着，以免被老鼠吃掉。据说，目前在重庆已很不容易见着老鼠。那么，那里的猫呢？是不是已经不放在笼子里，还是根本不养猫了呢？这须打听一下，以备参考。

…………

猫的地位的确降低了，而且发生了些小问题。可是，我并不为猫的命运多担什么心思。想想看吧，要不是灭鼠运动得到了很大的成功，消除了巨害，猫的威风怎会减少了呢？两相比较，灭鼠比爱猫更重要得多，不是吗？我想，世界上总会有那么一天，一切都机械化了，不是连驴马也会有点问题吗？可是，谁能因担忧驴马没有事做而放弃了机械化呢？

猫
郑振铎

我家养了好几次猫,结局总是失踪或死亡。三妹是最喜欢猫的,她常在课后回家时,逗着猫玩。有一次,从隔壁要了一只新生的猫来。花白的毛,很活泼,常如带着泥土的白雪球似的,在廊前太阳光里滚来滚去。三妹常常地,取了一条红带,或一根绳子,在它面前来回地拖摇着,它便扑过来抢,又扑过去抢。我坐在藤椅上看着他们,可以微笑着消耗过一二小时的光阴,那时太阳光暖暖地照着,心上感着生命的新鲜与快乐。后来这只猫不知怎的忽然消瘦了,也不肯吃东西,光泽的毛也污涩了,终日躺在厅上的椅下,不肯出来。三妹想着种种方法逗它,它都不理会。我们都很替它忧郁。三妹特地买了一个很小很小的铜铃,用红绫带穿了,挂在它颈下,但只显得不相称,它只是毫无生意地、懒惰地、郁闷地躺着。又一天中午,我从编译所回来,三妹很难过地说道:"哥哥,小猫死了!"

我心里也感着一缕的酸辛,可怜这两月来相伴的小侣!当时只得安慰着三妹道:"不要紧,我再向别处要一只来给你。"

隔了几天,二妹从虹口舅舅家里回来,她道,舅舅那里有三四只小猫,很有趣,正要给人家。三妹便怂恿着她去拿一只来。礼拜天,母亲回来了,却带了一只浑身黄色的小猫同来。立刻三妹一部分的注意,又被这只黄色小猫吸引去了。这只小猫较第一只更有趣、更活泼。它在园中乱跑,又会爬树,有时蝴蝶安详地飞过时,它也会扑过去捉。它似乎太活泼了,一点也不怕生人,有时由树上跃到墙上,又跑到街上,在那里晒太阳。我们都很为它提心吊胆,一天总要"小猫呢?小猫呢?"查问得好几次。每次总要寻找了一回,方才寻到。三妹常指它笑着骂道:"你这小猫呀,要被乞丐捉去后才不会乱跑呢!"我回家吃中饭,总看见它坐在铁门外边,一见我进门,便飞也似的跑进去了。饭后的娱乐,是看它在爬树。隐身在阳光隐约里的绿叶中,好像在等待着要捕捉什么似的。把它抱了下来,一放手,又极快地爬上去了。过了二三个月,它会捉鼠了。有一次,居然捉到一只很肥大的鼠,自此,夜间便不再听见讨厌的吱吱的声了。

某一日清晨,我起床来,披了衣下楼,没有看见小猫,在小园里找了一遍,也不见。心里便有些亡失的预警。

"三妹，小猫呢？"

她慌忙地跑下楼来，答道："我刚才也寻了一遍，没有看见。"

家里的人都忙乱地在寻找，但终于不见。

李嫂道："我一早起来开门，还见它在厅上。烧饭时，才不见了它。"

大家都不高兴，好像亡失了一个亲爱的同伴，连向来不大喜欢它的张婶也说："可惜，可惜，这样好的一只小猫。"

我心里还有一线希望，以为它偶然跑到远处去，也许会认得归途的。

午饭时，张婶诉说道："刚才遇到隔壁周家的丫头，她说，早上看见我家的小猫在门外，被一个过路的人捉去了。"

于是这个亡失证实了。三妹很不高兴地，咕噜着道："他们看见了，为什么不出来阻止？他们明晓得它是我家的！"

我也怅然的，愤恨的，在诅骂着那个不知名的夺去我们所爱的东西的人。

自此，我家好久不养猫。

冬天的早晨，门口蜷伏着一只很可怜的小猫。毛色是花白，但并不好看，又很瘦。它伏着不去。我们如不取来留养，它至少也要为冬寒与饥饿所杀。张婶把它拾了进来，每天给它饭吃。但大家都不大喜欢它，它不活泼，也不像别的小猫之喜欢玩游，好像是具着天生的忧郁性似的，连三妹那样爱猫的，对于它也不加注意。如此的，过了几个月，它在我家仍是一只若有若无的动物。它渐渐地肥胖了，但仍不活泼。大家在廊前晒太阳闲谈着时，它也常来蜷伏在母亲或三妹的足下。三妹有时也逗着它玩，但没有像对前几只小猫那样感兴趣。有一天，它因夜里冷，钻到火炉底下去，毛被烧脱好几块，更觉得难看了。

春天来了，它成了一只壮猫了，却仍不改它的忧郁性，也不去捉鼠，终日懒惰地伏着，吃得胖胖的。

这时，妻买了一对黄色的芙蓉鸟来，挂在廊前，叫得很好听。妻常常叮嘱着张婶换水，加鸟粮，洗刷笼子。那只花白猫对于这一对黄鸟，似乎也特别注意，常常跳在桌上，对鸟笼凝望着。

妻道："张婶，留心猫，它会吃鸟呢。"

张婶便跑来把猫捉了去。隔一会儿，它又跳上桌子对鸟笼凝望着了。

一天，我下楼时，听见张婶在叫道："鸟死了一只，一条腿被咬去了，笼板上都是血。是什么东西把它咬死的？"

我匆匆跑下去看，果然一只鸟是死了，羽毛松散着，好像它曾与它的敌人挣扎了许久。

我很愤怒，叫道："一定是猫，一定是猫！"于是立刻便去找它。

妻听见了，也匆匆地跑下来，看了死鸟，很难过，便道："不是这猫咬死的还有谁？它常常对鸟笼望着，我早就叫张婶要小心了。张婶！你为什么不小心？"

张婶默默无言，不能有什么话来辩护。

于是猫的罪状证实了。大家都去找这可厌的猫，想给它以一顿惩戒。找了半天，却没找到。我以为它真是"畏罪潜逃"了。

三妹在楼上叫道："猫在这里了。"

它躺在露台板上晒太阳，态度很安详，嘴里好像还在吃着什么。我想，它一定是在吃着这可怜的鸟的腿了，一时怒气冲天，拿起楼门旁倚着的一根木棒，追过去打了一下。它很悲楚地叫了一声"咪呜！"便逃到屋瓦上了。

我心里还愤愤的，以为惩戒得还没有快意。

隔了几天，李嫂在楼下叫道："猫，猫！又来吃鸟了。"同时我看见一只黑猫飞快地逃过露台，嘴里衔着一只黄鸟。我开始觉得我是错了！

我心里十分的难过，真的，我的良心受伤了，我没有判断明白，便妄下断语，冤苦了一只不能说话辩诉的动物。想到它的无抵抗的逃避，益使我感到我的暴怒，我的虐待，都是针，刺我的良心的针！

我很想补救我的过失，但它是不能说话的，我将怎样对它表白我的误解呢？

两个月后，我们的猫忽然死在邻家的屋脊上。我对于它的亡失，比以前的两只猫的亡失，更难过得多。

我永无改正我的过失的机会了！

自此，我家永不养猫。

          1925 年 11 月 7 日于上海

特别的猫（节选）

〔英〕多丽丝·莱辛　邱益鸿/译

第七章

猫可以花上好几小时，去观察他们不熟悉的生物、活动甚至动作。像铺床、扫地、收拾行李或把行李箱中的东西取出来，甚至缝纫、编织等等，他们都看得兴致勃勃。可是，他们到底在看什么呢？几周前，黑猫和两只小猫坐在地板中间，看我裁剪布料。他们仔细观察那把动个不停的剪刀，看我双手的动作，看我把不同布料分门别类地堆好。就这样他们看了整整一个上午。但我认为，他们看到的东西跟我们头脑中所想的不一样。我这么说是有道理的。譬如，每当阿灰花半小时，望着在阳光中飞扬的尘土时，她到底看到了什么？当她看着窗外随风摇摆的树叶时，又看到了什么？当她凝望烟囱上方的月亮时，又看到了什么？

黑猫绝对是小猫们最敬业的老师，从不放过任何一个传道授业的机会。那么，她为什么舍得花一整个上午，让两只小猫分坐她两旁，跟她一起观察金属划过黑布？为什么她要闻剪刀和布料，在工作场所转来转去，然后将自己的观察结果告诉小猫，要他们学着她的样也做一遍呢？……

幸存者鲁弗斯
第十一章

雁过留声，猫过留痕。在整个春夏两季，每当我踏上人行道的时候，总会有一只脏兮兮的橘猫，从某辆车子底下或是某家前院蹿出来，站在街上，望着我。他的目光那么专注，我无法不注意上他。他似乎有什么要求，但他到底想要什么呢？人行道上的猫、花园墙头上的猫，或是人家大门前走向你的猫，常会舒展四肢，摇摇尾巴，跟你打招呼，陪你走一小段路。他们或是想要有人做伴，或是被无情的主人关在门外，常常整天或是整夜都无法踏入家门，希望得到你的帮助。他们不停地喵呜喵呜大声叫着，声音中充满乞求，告诉你他此刻饿了或是渴了或是很冷。一只猫在街角绕着你双腿打转转，可能心里正在盘算：他可以离开自己那糟糕的家，换个更好的去处吗？但这只猫不叫唤，只是看着你，一双黄灰色的眼睛，若有所思地死死盯着你。我没理他走开了，他却试着跟了过来，一边走一边抬头看着我。

每当我进出家门的时候，他总会出现在我的眼前，让我很是良心不安：他是不是饿了？我取了一些吃的走出家门,放在车底下。他只吃了一点儿,剩下一大半。但我看得出,他是饥一顿饱一顿的,无处可去。他在这条街上有家吗?是不是家人没有好好照顾他?……

大帅猫的晚年
第十三章

当你坐在一只相识多年的猫身边,把手放在他身上,试着去适应他那不同于自己的生命跳动的频率,他会不时抬起头来,用一种异于平常的温柔语气向你打招呼,告诉你,他知道你想走进他的世界。他看着你,双眼的颜色随着光线变化而变化,你也看着他,手轻轻地放在他身上……要是猫会做噩梦,那么他应该像我们人类一样,也会做愉快有趣的好梦。也许,他的梦会领着他去我曾经梦到的地方,但我从不曾在梦中见过他。我常常梦见猫,大猫和小猫都有,我清楚自己对他们负有一份责任。那些与猫有关的梦,总是时刻提醒我身负的责任:猫需要食物,需要遮风挡雨的地方。倘若人的梦境与猫的不同,或者至少看着不同,那么他睡着的时候,会去往何处呢?

他喜欢与我静静地坐在一块儿,但对我而言这并不是一件容易的事儿。当我有许多事情要忙乎,或者心中惦记着应该做的家务活儿,该清扫的花园,或者该写的文章,要心无旁骛地待在他身边,实属不易。很久以前,在他还是一只小猫的时候,我就已经领教了,这只猫要求我待他一心一意。只要我的思绪一飘离,他就能知道;若是我心里想着别的事情,只是用手机械地抚摸他,他是不会领情的,更别提一边看书一边摸他了。只要一发现我的心思不在他身上,没有专心致志地想着他,他就会悄悄离开。我若是想好好与他坐一坐,就必须让自己的心情慢慢平静下来,忘却疲倦,抛开一切燃眉之急。每当我这么做的时候——当然也要看这位"猫兄"的心情如何,如果当时他身子舒适、情绪稳定——他就会用一种巧妙的方式告诉我,他懂我的用意,知道我正在努力接近他,接近猫,接近猫的本质,发现他身上最美好的一面。一人一猫,正努力跨越那道横亘于我们之间的鸿沟。

空房里的一只猫

〔波〕维斯瓦娃·希姆博尔斯卡[1]　林洪亮/译

死——不要对猫这样做,
因为猫在空房子里,
就会不知所措。
不是在墙上跳上蹿下,
就是在家具中间游荡。
好像这里丝毫没有改变,
然而却又整个地变了样。
仿佛这里什么也没有被挪动,
然而样样东西都搬了家。
晚上也不再有点燃的灯光。

楼梯上传来了脚步声,
但已不是原来主人的脚步在响。
有只手把鱼放进小碟子里,
也不再是往日放鱼的那只手。

这里不再发生任何事情,

---
[1] 现一般译为维斯瓦娃·辛波斯卡。

像在往常的日子那样,
在这里,该做的事情
也没有人去做。
偶尔有人来到这里,
随后便立即消失,
并且一去不复返。

猫儿朝所有的桌椅望了望,
又审过全部的书柜,
它还钻到地毯下面去察看,
甚至还违抗禁令
把纸张乱抛,
没有别的事情可做,
只有等待和睡觉。

盼望他快点回来,
盼望他早日出现。
他一定会知道,
不应该这样对待猫。
它会迎着他走去,
仿佛情不自禁,
慢慢地

用它那受了委屈的四肢,
开始时,没有丝毫的响声。

A Talk with Cats

/

作

雾与橘子

陈奕名（六年级）

"喵。"

猫踏着雾的脚步走来了，多像一幅印象派的画。它的毛发慢慢渗开来，和雾融在了一起，化作一个橘子，在长城上守望天空。

猫转过身，睁开眼睛，这是种什么颜色啊！让人无法猜出其中可怕而神奇的秘密。这是谁？团成一个圆的，还是那温柔、美丽、可爱的猫，像雾一样在我的头脑里来回走动，像橘子一样深深嵌入我的眼睛。

"喵，妙。"

猫若是一把琴，猫声则是拉琴的弓，拉出一行又一行高高低低的"喵，妙"；猫毛是琴身的纹理，雾一样扩散开，温柔、美丽、可爱得像一个橘子，散发出柔和的光晕。

"喵，妙。"

猫的思想是什么？这是雾起之前的问题，却要带到雾中解答，猫的思想就是雾的思想，只是再加上一句低声的呢喃："喵，跳橘子舞吧！"还有黄瞳中投射出的橘子一般的目光。

"喵，妙。"

一只猫会有多少个问题？从雾问到橘子也问不完，从妙极了的天堂问到妙极了的夜神宫殿也问不完，从雾起的九盏小橘灯问到若隐若现的最后一线亮光也问不完。

雾散了，橘灯熄，在另一端，另一只猫，带着同样的问号出世了。

谜

逯朴（六年级）

没人能猜得透这只猫，一只散发着文学味的猫。

猫绅士躺在时间的水流上，猫不叫，像鲁彦的父亲一样苍老。在文学碰撞的火花出现时，它会走几步，有时在季羡林的身上散步，有时在严文井的稿纸上撒娇，显出一副高傲姿态。但这高傲里满是忧虑，猫是一个谜，它没有知己，没有一人能看透它。诗人略知一点，把"一点"装进稿纸里，几十年就流水般地溜走了。

稿纸黄得早如两只黄蝴蝶，静静等待着。人没了，桌没了，一切他所心爱的都没了，但猫还在。猫毕竟是一个谜，谁也不知它什么时候会一跃而起。蝴蝶飞了，猫紧追着，似乎在追着自己的那么一点希望。蝴蝶引着猫，穿过了胡适的诗，猫变化的神情十分生动。

蝴蝶还是飞了，猫仍然是一个未解的谜，一个流浪绅士。

最后猫回到了流水边，是丰子恺的画里那样的流水。猫绅士很苦恼，苦恼的是自己那难抛的九命，苦恼的是自己永远逃不出那挨打但有饭吃的"天堂"。它永远被囚禁在那个解不开的谜里,永远那么孤独。

我说:"猫呵,谜一样。"

猫有它自己的话语,只是我们听不懂。它也许很端庄优雅,是个真绅士,真绅士未必很复杂。不知谁在叫:"黑黄白,白黄黑。"简直是一只优美的三色小猫,但愿它就是琦君家弄丢的那只小花猫,它已经找到了自己的归属。

深夜里,常有猫叫,那是思念的叫声吗?

正如玳瑁思念鲁彦的父亲,凯蒂思念琦君。

也许诗人还不完全懂得猫,但在猫的心里,诗人早已是一个知己。猫,并不是一个不可解答的谜。

远处,猫绅士向我走来。

"晚上好!"猫绅士说,可我听到的只有喵喵声。

妙
李了（六年级）

"喵！"一声猫叫在我耳边响起。

那只猫的眼睛是绿的，带点黄。我用那有魔法的叫声，呼唤出了它。它从墙上跳了下来，跳在我头上。我在脑中轻轻地问它："你叫什么？墙猫？'我'？守望者？"……那猫只轻轻"喵"了一声，我便叫它"妙"了。

它又叫了一声，我便抬起了头，对着落日高喊："妙啊！妙！"此时，却又看见小丘上的那一只猫，它会有多少个问题？我不知道，我只知道它的问题可以去和季羡林讨论，毕竟季羡林大师在"猫世"上的学问是最妙的。

我跑回家中，写下了两页纸。一张纸被"妙"拖去当被子，另一张纸在冷冷的桌子上冷冷地坐着。我大叫："妙哉！妙哉！"那只猫也突然叫了起来，追逐撕咬起那页纸。

"妙"可从未想过把自己的命交给老鼠。夜，来了，它的那双绿眼睛在黑暗中闪烁，深不可测。它穿上靴子，披上它的黑外套，走出了门。它要去寻找一本书，一本在它死之前必须找到的妙书。它现在不叫了，妙极了的天空照映着它前进的路，一条绿，一条黄，那是它眼中的路——太妙了。

它轻轻地走着，跳到那本书上，"喵！喵！"地叫着。这声音可真妙啊！最后，它躺在书上，望着天空，呆住不动了……

"我要一只小猫，我就要一只小猫！"

游戏

高紫涵（六年级）

猫很淘气，很爱玩，甚至玩丢了本能，但玩出了一双明亮的眼睛。

猫，爬上了季羡林的肩，它一身雪白，绿眼睛成了屋中最亮的亮点。我怀疑，这猫的祖宗是一只最野的猫。它在丛林中戏耍，感受神秘的自然法则，植物染绿了它的眼睛，雾气模糊了它的轮廓。它将自然的一切魅力、神秘和恐惧都藏在了绿色的眼中。

我想，吴冠中的那个圆，就是一只万命猫。夜不是它的敌人，它那两只荧光绿的眼睛就是悬在空中的两盏灯，照亮了眼前的路，也照亮了那只在脑海中来回走动的猫。它在黑夜中独自读着那本永远读不完的书，书若是读完了，它也就离开猫间了。

人有人性，猫有猫性。猫死前必将离开家，不在家中死去，它要去往猫的天堂，继续它的游戏。

它用魔法回应仿效声，就如吹笛时的一股气，若有似无。它耗完了最后一命，但它的灵魂一定还在猫间，用绿色的火焰燃尽自己的身躯。只要它的心还在猫间，它就依然在进行它的游戏……

这游戏是什么呢?

"喵!"

九命猫教授

富宇涵（六年级）

一只有九条命的猫教授，要回答九个猫的问题，翻阅九本关于"猫学"的书，才能到达猫界。

九命猫教授来到人间，回答猫的问题。

第一只猫是一只名字猫，它特别注重猫名，九命猫教授翻开那一本关于猫名的辞典。有一只长城上的猫，名叫"眺望猫"，亦称"眺望者"，人们还叫它"橘猫"；有一只猫因为捉苍蝇而被称为"壁虎儿"；还有名为"白象"的猫。这些猫名都被九命猫教授取出来，放在地上。

第二只猫叫猫眼。猫眼问九命猫教授要一对"日月眼"。没想到那只拥有"日月眼"的白象已丢失。九命猫教授拿出一首诗："我们没法从它绿色的双眼，猜出让它出走的可怕而又神秘的原因。"黑暗中，猫都沉默了，只剩下那一首诗，照不亮猫的双眼。

第三只猫想知道什么是猫性。猫性其实很简单，不过是捉几只老鼠罢了，但九命猫教授的那一首"忍教鼠啮案头书"却让猫性变了，变得像闺秀。有人说它们淘气得有理，也有人说它们变得温顺了。但猫已经不像猫了。

第四只猫是诗猫。它是一只瘦弱的猫,刚刚被人们收养。它想知道有多少写猫的诗。九命猫教授念了几句"我与狸奴不出门""有熊有罴,有猫有虎",便消失了,猫诗太少了。

第五只猫想知道怎样才能找到好主人。九命猫教授觉得,在季羡林或丰子恺身上站过的猫是幸运的,长城上的猫虽是无主的,但能登上长城也算猫中"好汉"了。猫,只有幸运才能找到好主人。

第六只猫是只瞎猫,为了死老鼠,掉进了井,它想问命运为何如此不公。九命猫教授叹了一口气,说这是运气。

这之后的几只猫都在猫的天堂中,没什么可问的。

"有肉但挨打的地方,就是猫的天堂。"九命猫教授说。

九命猫

张可杊（六年级）

猫有九条命，每条命都不一样。

第一条命是一只金银相嵌的小猫，猫眼似金粉，如星光般频频闪动。只要唤一声"咪咪"，它就会一边"尼亚尼亚"地叫，一边跑来。它是被全家所宠爱的。

第二条命是一只全灰的、有着青绿眼睛的猫，它是吴冠中所喜爱的。它是一只画中猫，是极美丽的。

第三条命是一只有着绿树般明亮的眼睛的猫，它是一位儿童文学家爱的猫，现已埋在树根底下了。

第四条命是《青鸟》里的猫女士，她是一只有尊严的猫。她穿着黑色的紧身衣和一双小靴子，还有一个嫩红色的小鼻子，她和夜神关系很好。

第五条命是一只蓝眼睛、红鼻子的"白猫王子"，它可是非常肥的，有二十四五斤重，足以让人叫它"胖胖"！

第六条命是一只胖圆圆的三色猫，对人很友好，它叫Playful，但也有人叫过它"凯蒂"。

第七条命是一只怕老鼠的老黄猫，还害得主人被老鼠咬伤手指。如果猫被咬到了尾巴，就肯定不敢咬老鼠了。

　　第八条命是毛皮像玳瑁首饰一样的"玳瑁",它是特别依恋主人的,但是太过于害怕生人了。

　　第九条命是抽象的猫,人们都喜欢它,因为人们喜欢它是什么样,它就是什么样。

　　猫已不在猫间了,猫在"猫的天堂"。

沉思

朱沁怡（六年级）

窗外是阴沉沉的天和蒙蒙的细雨，一只小猫在雨中奔跑。它在寻找一个开满凤仙花的世界……

遥远的北方没有灿烂的凤仙花，却有如龙的长城。在长城上，坐着一只沉思的猫，它眼中只有青翠山峦和蓝色的天空。它眯起眼睛，守望着南方花丛中玩耍的伙伴。

一只小白猫在花丛中抓蝴蝶，很快就追着自己的尾巴玩起了捉迷藏，喵声如同琴声，神秘而悠远。一只小鸟划破了花园的宁静，小猫跳起来想抓鸟，它那双淡蓝色的水晶石般的眼睛在太阳光下闪闪发亮，闪烁着愉悦的光芒。

猫是一个淘气的小女孩，你无法猜出它淡蓝色眼中的神秘。一只躺在孩子怀里的猫，"喵喵"地叫着，声音中的神秘给人无限的遐想。它是大家闺秀，享受着爱抚。淘气是天性，但它是否思考过自己的本能？

"饭有溪鳞眠有毯"，捉苍蝇是一种消遣。他问："猫吃老鼠吗？"我回答："不。"猫的本能是抓老鼠，但猫会怕老鼠，老鼠也会吃猫。

猫那淡蓝色的"火焰"燃烧着,只要它永远不灭,白猫与黑猫的追逐就不会停歇。猫有灵性,会沉思,就像玳瑁会回忆鲁彦慈爱的父亲。没有了亲人,没有了怀抱,也就没有了希望。

给猫读一部关于沉思的书吧。

书

刘丰鸣（六年级）

猫用那双青绿的眼睛阅读世界。

它们站在世界的墙头上，向墙内看着，世间一切被它们尽收眼底。它们不停地读着，读累了就翻下墙头，躺在阳光下，整理一天的思绪。

猫守望的是知识。世界被吹散，猫便从这混乱无序中，寻找世界的信息。当它们读到无法理解之处，就用眼中的火焰画上一个黑问号，让它升上天空。

天空不会给它们任何答案，一切都要依靠它们自己的九条命悟出。但天空也在沉思猫的问题，可它身在世界之中，更是难以解答猫的问题。于是它白天用太阳凝视，晚上用星星窥察，却仍然无法解答猫的问题。

猫也知道，沉思才是所有问题的答案。阅读世界这本大书是很费时的，足够有耐心才能完成这个任务。猫有足够的耐心，它们一年一年地读着。当它们阅尽世界时，便翻过墙头，让世界飘满寻猫启事。

圆

杨温暖（六年级）

猫是一个完美的圆。圆大得看不到头，只剩下一片空白的世界。世界容不下它，猫圆如地球。

圆，就如一个谜。它像月光，像橘子，像无边的守望，像无尽的沉思。猫，圆得合理，它在绿树下醒来，再与最好的朋友一起昏昏睡去，蜷缩成一团。猫知道许多事，它知道月亮可以盖住井口，知道它可以与暖阳共赏一片天下，知道和人类保持距离……

有时，猫的青绿色的眼睛仿佛化作日月，轮流升上天，点亮了鼠、鱼和世界。因此，小孩才会大声叫："猫是睁一只眼又闭一只眼的！"或许是的，它的眼睛，美其名曰"水晶石""夜明灯"，无论是有色还是无色，它都是美的，是圆的，圆得可爱。

猫像哲学家，也像数学家，它研究圆，也研究自己的猫生。猫有九命，必然要死上九次，这多像一个圆，从一个点开始，绕着地球转上九圈，再从某个点落幕。它的一生，生死都太突然，不过是一集无名的片子，没有预告。它死后，看见美国人的猫，就想起了自己，是"Darkie"，还是"淘气"呢？

在黑暗中,圆是一部醒目的书,从头到尾,猫都独自在读。在这圆的世界里,没有人会记得一只猫,它是那么普通,不曾被真正关注。猫孤独地在圆的天堂里行走,它独自活在真正的"自由"中。

它像地球,完美地存在于圆的故事当中。

猫会失去最后一条命,在圆的世界里……

眼

代梓言（六年级）

一只黑猫在黑暗里睁着它的异色瞳。

四周黑得不见五指，黑色的时间像乌鸦般聚起，那对眼睛却依然灵动鲜活。

我只看到那对眼睛。多么玄妙，在黑暗之书中闪动高贵的神秘，又始终保持高冷的态度。霎时间，那火焰般的眼睛好像盯住了我。

突然，眼睛又睁开了一双、两双……无数黑猫隐于黑暗之中。

此时，黑幕给我点了一盏灯。它落在井里，成了大地的独眼。仰望天空，我看见七颗被天空遗忘的星，像是井中灯的投射。

我坠进井里，坠进蓝黄的漩涡。

我看见一个抱着黑猫的小女孩，她正望着天，喃喃着："星星是天的眼，井是地的眼，猫是日月的眼……"

"你在说什么呢？"

"这是我的眼。"她指着自己的眼睛，认真地说。

猫眼

叶悠然（七年级）

猫趴在阳光下，眯缝着眼睛，即使小睡时也优雅得像贵妇。窗外的熙熙攘攘都入不了她的法眼。深浅不一的棕色长毛被阳光镶上了一道金边，我走近，轻轻摸了摸她的背。猫抬头看了我一眼，我终于看清了她的眼睛，我的目光被禁锢在猫的眼里。

猫的眼睛是浅褐色的，像用来做洋娃娃眼睛的玻璃珠。以前我是有些怕猫的——怕猫的眼睛。因为有一次我晚上出门，中途突然蹿出一只猫来，天黑看不出毛色，只看见那双荧黄的眼睛直勾勾地盯着我。猫身上有狼一般的野性，它们从来不是什么大家闺秀。我被惊得差点掉头就跑，而这"夜的子民"才没有空管我，不知道溜到哪一辆小轿车底下去了。

夜里，猫的眼睛里有不可名状的"鬼火"，给我一种神秘的感觉。但在阳光下，猫的瞳孔变得细长。猫在阳光下沉思什么问题，我并不知道，但仿佛从这一条细缝中就能窥见她沉思许久获得的答案。

猫的眼睛有一种美的吸引力，让你忍不住看向它的深处，又一次次望而却步。

在我的几番犹豫之间，猫早已看穿了天光云影，看穿了老鼠与蝴蝶，看穿了阴阳，此刻，也看穿了我。通过猫眼去看，不仅看见了外面的事物，同时也看淡了繁华与喧嚣。"猫一眼就知道你喜欢它还是不喜欢它。但问题是，它一点也不在乎。"猫的眼睛留给陌生人的是锁孔，没有钥匙的我怎样才能穿过锁眼，悄悄进去，去了解猫眼里的秘密？猫不在乎，它们总是步态从容，从人们审视的目光中缓缓走过，偶尔快速蹿过时也不忘深深地看人一眼。

猫又扭头用她浅褐色的眼睛瞥了我一眼，好像不太乐意我让它分神了，踱着猫步就走了，仍去做她的"猫间"贵妇，会周公去。

夜与猫

叶宇馨（七年级）

猫来了。

猫是来黑夜家做客的。既然是客人，就得郑重点。猫用自己黑夜一般柔软的细毛将睫毛刷得翘翘的，用粉红如蝴蝶的舌头将爪子舔得干干净净，穿上黑色裙子，再披上金银嵌的大袄，最后穿上小皮鞋，上路去寻找夜。

她来到夜的家里。夜其实也是一只猫，一只纯黑的、日月眼的母猫。猫到来时，夜正用自己的云朵毛毯为天空盖好被子呢。

猫也不客气，径直坐下，端起红酒，晃了晃，悠悠开口道："夜啊，你看我是一天不如一天了。起初那些两条腿的生物还会为我歌颂，为我画像，现在他们的灵魂都已经消散了，我是越来越闷了。之前我还担心九条命也不过一刹，现在我却连一次也没死过，连动手抓老鼠的机会也泡了汤，那些人还想把我供奉起来，让我每天忍受一些人言不由衷的假意爱抚，郁闷！所以今晚我才到您——夜娘娘这来，烦请您帮我想想办法。"说完，猫还是不紧不慢地眨眨黄如琥珀的眼睛,再抿一口高脚杯里的红酒。

这时,夜已经用云朵与月亮将织好的蝉翼般的黑色轻纱压好了。她提起裙摆,随着高跟鞋与地板间摩擦的奏鸣曲,踩着节奏走到了猫身旁。她不知从哪抓出一大把寻猫启事,"啪"一声按在猫面前的木桌上,连红酒都被震出几滴。

夜用她惯用的女高音喵喵叫道:"猫!你看看我的处境,再看看你!什么寻猫启事都往我这扔,我自己的轻纱每天都被霓虹划破不说,你也给我添了不少乱!小虫们每晚都用小刀般的光亮与噪音割裂我精心编排的静,你也仗着有九条命,每天跑到我这来破坏我的睡眠!我已经连着一千零八十一个夜晚失眠了。与我相比,猫,你一生能有多少问题?你堪比生活在天堂!"夜说完,生硬傲慢地搓了搓手。

没等夜的第二轮抱怨开始,猫就以雾一样轻柔的声音打断了她:"猫的天堂难道就是挨打而有肉吃的地方吗?那是人的定义!对我而言,那简直比地狱还可怕!"

夜一声不吭,沉思着望向窗外掠过的一只猫头鹰。过了半晌,夜凑在猫的耳旁说了一个秘密计划。当然,这个计划是建立在"老鼠也能吃猫,猫也能扭转世界"的理论之上"改变人类思想"的计划。

猫听罢，仰脖喝完最后一口红酒，满意地趴在了夜的身上，用鼻子亲昵地蹭了蹭夜的脸颊（就像她平时对人们做的那样），说道："谢谢夜姐姐！"说罢，猫和夜同时笑了起来，猫把眼睛笑成了星星，夜把眼睛笑成了月亮。

一个人好像听到了什么动静，疑惑地望向了星月。那人看着如夜一般神秘的圆月，耸耸肩，摸了摸下巴，若有所思。

世界上有一种引人遐想的东西，叫夜。当你真正走近她时，她就成了猫……

轻音乐

陈天悦（七年级）

乡村很吵，时常能听到儿童吹哨子的声响，几声后便是抽拿扑克牌的"唰唰"声，还夹杂着农民随口哼唱流行曲的声音。

看那只猫。她静坐在窗前，半眯着眼睛，像一位睡意未消的妇女。面对她的，又将是孩子的戏弄、主人的斥责，以及一刻不能停的工作，而忍受这一切，不过是为了得到那不到半斤的瘦肉。

猫的世界很简单，没有扑鼻香的咖啡，没有厚厚的讲义，黑白交错的细毛足以唤醒哲学的秘密。她的眼睛那么温柔，那么沉寂，仿佛在奏响一曲优美自在的轻音乐。

"我是猫。"

午后可以如此温馨，清甜的凉茶放在桌上，轻缓的音乐引人遐想。在悠远的演奏中，我仿佛听见猫发自内心的呼声。那是比潭水更深邃的存在，仿佛使人触着了尚未发现的什么。

也许，她曾守望长城。她曾亲耳听过长城谣，看着石块东起山海关，西到嘉峪关。"乌乎？乌乎？"没有一只鸟勇于跨过蜿蜒的长城。而最令她欢快的，还是农村少有的古典轻音乐。

她青绿的双眼看着好古老，那一定收藏着一段比长城更古老的故事，人凝视她时，认为她是一座陷入孤独的人面狮。我想，她跳跃的身子好像古典音符，奔跑的脚步如此轻盈。

我想，人与猫本是如此亲近。我常常听见诗人与猫在床上的低语。我看着孩子喂着小猫，时不时传出爽朗的笑声。"猫间"与人间融合成一张有轻有重、时急时缓的音调之网。

猫总会走出家门，正如音乐不能永远轻缓，总要起落。她将去更自在的地方流浪，多少张贴在门墙上的寻猫启事随风飘向远方，却没有一张纸可以唤猫回家。

"我是猫。"猫有猫的绝情与渴望。

但总有内心孤独的人，义无反顾地想追回猫。

"我是猫！我就是猫！"他们仿佛自己是猫，更不能失去猫。

我想，所有美丽的孤独都是猫之歌。

猫像轻音乐。分明只是轻轻一跳，在我眼里却成了最美的演奏，如此深入人心。

我愿静下心来听。

蠢猫

王晟睿（八年级）

夜深人静的田间，"吱吱……"

一道黑影"呼"地蹿出，只看清了两盏夜灯似的绿色眼睛。随着几下扑打的声音，这只中年的黑猫便叼着一只肥大的田鼠从玉米地间大摇大摆地走出来。

他没有主人，生活全靠自己，过得无拘无束。他半辈子都在捉田鼠，时而和其他的猫啊、狗啊撒撒欢。他也喜欢去吓村里刚学会走路的小屁孩，然后等着大人们拿着扫帚来赶他。年轻的时候他也有过梦想，想要去城里闯荡江湖。听同村的老猫讲，最近的城市要走上四五个月才能到，年轻的他毅然启程，但半路上因伤病又不得不返程。不过，他心中埋下的这颗种子却在生根发芽。

三年前，一次偶然的机会，他听说隔壁村里来了一只城里的猫。他满心欢喜地跑过去，想要会会这位城里来的朋友。

可是他刚见到这位城里的朋友就大为震撼，她那浑身莹白的毛发梳理得异常滑亮，脚上穿着鞋子，靠近了甚至还能闻到她身上散发的一丝丝甜甜的香味。

白猫倒是毫不拒客,看到来访的黑猫愣在原地,反而先走上前来打招呼。黑猫回过神来,忙邀请她一起捕鼠,他认为城里的朋友一定有更高超的捕鼠技巧值得他学习。

白猫却不解地问:"田鼠是什么?"

这让他再次愣在原地:"这、这……"

想必是为了消除尴尬,白猫说道:"来我家里吃点东西吧,都是从城里带来的,尝尝鲜。"

迷茫中,他便进了白猫家。当他再次回过神来时,面前已经摆满了各式各样的颗粒,白猫也开始"尝鲜"。他靠近闻了闻,始终没有下口,这不同于他所见过的、所吃过的任何食物。到最后他也没能下口,尴尬地回了自己村里。

又是夜晚降临,白猫家发现了一窝老鼠,老人忙抱来白猫把她扔进房里。她从未见过老鼠,惊慌得在房里乱窜,被老鼠追赶。可怜了白猫,身为猫却不能识得鼠。

老人在窗外看了大喊:"蠢猫!蠢猫!"

隔壁村的黑猫听闻后,发出一声叹息:你还是猫吗?真的是只花哨的蠢猫。

你到底是谁？

张恒硕（六年级）

一只黄猫从长城上一跃而下，化成了一只白猫，轻巧地跃到季羡林身上，趴在他的肩上。

白猫又一个翻身，变成了玳瑁，滚到了鲁彦父亲的脚下，享受着鲁彦父亲的抚摸。不久，鲁彦父亲突然倒下了，玳瑁伤心地开始绝食。

玳瑁打了一个瞌睡，醒来时发现自己前面有一个捕鼠器，一只老鼠被夹在里面。它大笑起来，心想：这只老鼠可真傻，居然躺在这里等死。于是它往前扑了过去，可是脚下一滑，又失去了知觉。

突然，它爬了起来，发现眼前一片漆黑，它明白自己已经瞎了，只好四处游走。第一次，它一不小心就碰到了一匹马，被狠狠地踢了一脚。第二次，它碰到了一个钉耙，被扎得鲜血淋漓。第三次，它决定往前冲，在冲的时候被什么绊倒了，它以为是一只死耗子，就高兴地叫了一声，可还没有叫完，就掉到井里被水淹没了。

爬起来时，它发现自己变成了《青鸟》中的猫女士，猫女士跑到夜宫，惊醒了夜神。夜神对着这位不速之客大袖一挥,猫又睡着了。

醒来后,一个转身,猫发现自己生活在一个魔法城堡中,成了那一只洛丽丝夫人。突然,它又一次昏倒了。

这时,它又变回了黄猫,轻轻地跳到了长城上,仿佛成了一个守望者。

我大声地问它:"你到底是谁?"

它没有回答我。回答我的,只有无尽的寂寞和猫微微上仰的头。

可塑

唐语点（八年级）

夜色降临，猫从城市一呼一吸的缝隙中缓缓走来，正如黑夜从它身上淌过一样。

猫抬起头，与天上这只偌大的"猫眼"对视着，看着它由暗到明。

猫的灵魂四处游荡，将自己塑造成世间万物。请看那苍白的月亮，那是猫的杰作，是灵魂与现实间模糊的界限。而猫正是这界限上的唯一桥梁。

当猫睡着时，起伏的胸膛勾勒出它的梦境。在梦中，猫可以跨越空间与时间，成为老虎的祖先，或是夜的主宰。

猫会法力，它说着独特的语言。"喵"是一种古老的魔法，任何会这种魔法的生物都是猫的友人。

而家猫呢？它是家中的一员，是美好凝结成的产物，是诗歌的结晶。当猫守在火炉边或光线下时，它就会把只有主人才能懂的诗意释放出来。

猫生来是人，是纯粹的诗人。它可以活九次，但它依旧淘气。怪异的行为是浑然天成的诗句，是可塑性的外在表现。

狗是狗，猫却不只是猫。你虽能触碰它，但它永远那么孤独，那么遥不可及。猫的可塑性使它能化为万物，也能化为虚无。

猫的天堂

袁子煊（七年级）

"咚！"

熟睡中的它被老太太的手给拍醒，一睁眼，一盆肉就出现在面前，它迷迷糊糊地吃了起来。吃完之后，它来到阳台，在阳光下欣赏一两朵小花的微笑。这种日子它已经过了一年多，无忧无虑，却不自在。

它看着地上翩翩起舞的蝴蝶，做出了一个决定——它要去寻找属于自己的天堂。它钻出栏杆，跳下了不高的台阶，来到了自由的世界。

最初几个月，它与它的"猫兄弟"们过得还不错，直到有一天，几个小孩发现了筐里的一窝老鼠，还在那大喊："快拿只猫来！快拿只猫来！"好巧不巧，一个老头发现了它，二话不说就把它扔到了筐里。它哪里见过这东西，吓得要死，赶忙跳出来，可老人又把它放了回去。就这样来来回回三次后，它才得以逃走。

在这件事之后，它便知道了：当猫是要学会捉老鼠的。于是，它拜师学艺，向一只老猫学了一年的捉老鼠。

现在，它捉老鼠捉得得心应手，长得比自己大的老鼠也不在话下。可是,它却因为这个本领惹了祸。那天,它正在巷子里走着,突然看见一只"小隐鼠",出于本能,它一口将它咬住,然后叼到一旁吃掉了。从此,不知为何,它路过巷子的时候,总会被石头给砸中,于是它不得不离开那里。

又在外漂泊了几年,它的身体逐渐变得迟钝,尽管生存经验丰富,但力不从心。而且,它还是没有找到它的天堂。

又是一个早上,它追赶着蝴蝶,那蝴蝶特别美,让它忍不住一直去追。不知不觉,它登上了一堵格外高的墙,它看到千山万岭向它涌来,白云与晴空向它呼唤。

它意识到,这就是它要找的天堂;它也意识到,这路太远,它走得太久,已没有多少时间了。

它闭上眼。

"咚!"

月的舞蹈

黄海瞻（七年级）

白天，阳光格外灿烂。

它是一只"金银嵌"的猫，白天一动不动地趴在阴暗的角落，听着苍老无力的摆钟嘀嗒嘀嗒的喘气声。

太阳旁边挂上了金色的云朵，却很沉似的，将太阳带了下去。

夜拉上了带着星点的帷幕，角落里的"金银嵌"站了起来，脚底的肉垫让它不发出一点声响。纵身一跃，它跳上了院墙。

它睁开双眼，暗黄的瞳孔似乎在跳着轻快的舞蹈，将绿水、青山、树木，还有远处的一盏小灯，化成了黑乎乎、虚飘飘，说也说不清、听也听不见的夜的诗篇。它微微抬起头，那一双眼睛与月相遇了。

月亮围绕着夜旋转，像个陀螺。月亮看着这只"金银嵌"猫的眼睛，决定和它玩玩。"金银嵌"在院墙上奔跑，从这头到那头，抬头看着追不上的月亮，哀号了一声。纯净清冷的光照在"金银嵌"的身上，撩拨着猫儿野性的血液。

"跳舞吗，小猫？"月亮轻柔地问道，"我们难道不跳支舞吗?""金银嵌"厌倦了平时在家中高傲的步伐,它开始展示一种全新的舞蹈。

"金银嵌"贴着草地急行,追着月光,好似捕鼠的猎手,从这里到那里。

"金银嵌"跃动着,想到了人们赞赏它"好猫,好猫";想到了月的知己,它的瞳孔不断变化着……"金银嵌"贴着沾满露水的青草急行,孤独而高傲,从这里跃到那里。

它暗黄的眼睛看着即将降下的月亮,耳边传来了一句"好猫"。它闭上了眼,躺下了,就像那暗黄的月亮。

弯

嵇子悠（六年级）

上弦月，升到一座沉睡的钟楼尖上。

黑夜给了猫两枚圆圆的瞳孔，使她能一直望到岁月的尽头。

蝴蝶逃脱时飞出了一段弯弯的如长城般的线，在猫的脑海中穿梭。

大家闺秀吗？她不在乎。猫只要时间留给她一个弯弯的黄昏，然后再盖上一层哲学家般的鸟鸣。

弯弯的，弯弯的，猫看到一个人在弧线的尽头等待。这条线和老鼠逃跑时的尾巴一样弯。猫赶紧眯上她弯弯的眼睛，怕那人用一把弯弯的钥匙打开她的秘密，可那人只是在回忆中笑了一下。

猫蹲在窗前，看着雾气弥漫的窗外。她的瞳孔变大又变小，想看清玻璃外的远方。猫知道远方有蝴蝶飞过的弯弯的路线，有蜿蜒的长城，有凤仙花，有射箭的弓，有呼灯篱落，有田间的一堆堆草垛；也曾有雁南飞，有野塘剩残荷。儿童记得，思妇记得。

那首《诘猫》，她歌过。童年有惊喜，中年有寂寞。故园还会飞黄叶，还会结出"满腹叮当声"的橘子。琦君知道这种弯弯的感觉,丰子恺也知道。

猫的天堂未尝不是一个转弯。在凤仙花铺的"弯路"上,有一个人会等她。"猫间"和人间,一个弯,一个直。但是,猫也知道,一个东西是从"猫间"弯到人间的。

那一年,下弦月升上塔尖,留下一本书,从头到尾给猫独自读。

猫眼

傅晨悦（七年级）

天空没有鸟飞过，而那只猫却在地上留下了自己的足迹。那是一只特别的猫，比特别还特别，像一本诗人的《哲思录》。我虽然没有读过，但我知道猫走过的路，知道猫的梦境如何与黑夜一齐流动。

猫看不见这个世界，是因为它的眼睛装下了一整个月亮。《浮士德》中留不下来的美变成了一弯月牙留在了猫的眼睛里。因为这双眼睛，所有被猫看过的东西都显得有神，都有梦可做。

猫卧在墙上，死死地盯着那个街角，没有别的目的，仅仅是为了盯着而盯着。没有目的才能在黑夜里游荡，没有目的才会做关于月亮的梦。你透过猫眼去看世界，不如将自己想象成一只猫，九条命，七条变成月光，两条啸成黑夜的一阵波澜。

不工作的时候，我的工作就是等待。猫会来，月亮会来，虽远也近，虽近也远。月光下，一切都如"春来发几枝"那样自然生长，我的梦也是。梦中一人一猫，猫向人行脱帽礼，人看着猫的眼睛，像看着一则古老的神谕。与猫对视，就是与月亮共舞，无我，无目的地,只有交汇。在月与月之间搭一座命运的桥,我是桥上的那个人。

月亮在夜晚细数着猫的叫声,像春天数着她的花朵。

独揽梅花

张若涵（七年级）

我不敢保证猫是否在扫腊雪，但如丰子恺所言，黑点在苍茫中的确显眼。梅花缀在猫的行踪上，很快蒸发如同吟游诗人。我也是一朵梅花，在猫的瞳眸中。

梅花如同黑猫的脚印，被独揽，被唱响。猫眼如一盏灯，摇摇晃晃，投了九重梅花，跃入黑暗。夜鸦在鸣，月有阴晴圆缺，梅有花落花开，这一切悉数落入猫的眼中。

我相信落红不是无情物，同理，猫也不是。我很快明白为什么会有《墨梅》，因为夜色如墨，而我被猫带入黑暗，追寻古老的魔法。

梅花的纹路布满问号，洛丽丝夫人在思考中凝视我。猫对着月亮沉思，上面有历史的地图，见证猫生的悲欢离合。猫的梦如梅，孤寂但又开满枝头。塔尖、梅花、钟楼、月夜、时间，这一切在猫瞳中流转、变化，又无解。

无人追捕猫，更不会有人让猫收复江山。因为在梦中山河无损，猫尾扫下一朵梅花，其余一切照旧。相信我，猫不仅是猫，它傲立墙头，如梅中君子。

漫长的夜晚缓缓流过,黑猫尾巴摆动,将钟表调快。指针正对着梅花,猫不招财,但招梅。

猫从不曾给我写信,连"妙"也不曾说过。我只是追随猫的脚印,它固然不会回头。

全世界的梅花供猫独揽,它坐梅观月,夜流过它的脚印。

夜

潘周惟(七年级)

街道上,看不见一个人,天上的星星一闪一闪,慢慢地靠近月亮。那是一只猫,每一步都踩出火花,擦亮了星星的眼睛。猫在天上与月亮跳舞,天亮时,一切又都归于平静。

一切精彩的、梦幻的都来自日落之后,在日落的终点上,一些更高更远的奇妙的东西产生了,人们称其为魔法。猫一步步走上天空,它的脚印是黑色的。猫走过后,从上到下,一切都被收拢、拉紧,变成紧密缝合的夜晚。最后,它尾巴一扫,把月亮和星星从一个遥远的国度牵过来。夜晚,是留给猫的,神秘和深邃也是留给猫的。在夜里,黑是独特的留白,一切都渐行渐远,只剩下猫,还有叫声。

狗把自己留给了白天,蝉鸣和簇拥在一起的呐喊声也是。猫在白天不做什么,只看着行人研究它的魔法。到夜晚,它眼睛里会闪出奇异的色彩。

猫是夜空的眼睛,是观察一切的工具。夜是黑色的水流,穿过屋顶、云层和火山,划破一切,像舞步一样轻快优雅。白天猫走不到的地方,它会在夜里迈着轻快的步伐继续出发。它走的每一步都是一句奇特的语言，它的尾巴在空气中写下潇洒的签名，脚在地上画出一个个圆圈。猫带着高贵的天使光环走到世界上的每一个地方。猫是一个时间的神偷，是哲学家永远无法预知的存在，它从未被否定。

　　无数人走向光明的白天，而猫僵在原地，把自己留给黑夜。

自由

周国藩（七年级）

猫悄然跃出窗户，它和黑夜沉默地对视着，慢慢向前走着。月亮为它亮起了一盏银白的小夜灯。它抬起头，凝视着一座路标，路标上印着无数个爪印，用月光写着"自由"。

猫坐在路标下沉思着，思考着它那刻在爪印里的信仰。它的每一串足迹中都流过了月光，这些足迹在黑夜中连成一串字符，那是猫的语言。猫还蹲在墙头，目不转睛地盯着它即将得到的自由，却也时不时转头望向身后的家。猫还在沉思，思考着猫的哲学，是选择自由还是家。在它的瞳仁中，月光与它身后的灯光混杂在一起，它还在沉思着。这时，黑夜中传来阵阵魔幻的叫声，引着它上前去。

猫的心中只有一个方向——自由。它顺着小径悄无声息地走着，摇摆着尾巴。月光为猫书写，黑夜为猫上色。猫如云一般潇洒地小跑着，爬上钟楼，站在指向月亮的时针上，漆黑的身影向月亮诉说着自由的喜悦。它闪烁的瞳仁与轻盈的步伐便是猫诗一般的语言。它的眼中有月光与黑夜，还有那梦境一般的自由。

它穿过树林，游过小溪，沿着自己信仰的方向前进。它的沉思与诗立成一座座路标，箭头指向无边的黑夜。终于，夜褪去了，月光下路标的方向又指向了回家的路。这时，猫没有沉思，它立刻一跃一跃地向前。

猫又蹲在了路标下，家门口，它轻轻叩着门，叩着那扇它曾经为了自由而走出过的门。

魔法

文竹（七年级）

黑夜，一切静得像魔法世界。一双黄眼闪过，紧接着是一阵"啪"的巨响，一切又重归于平静。当太阳升起之时，地上多出了一个破碎的杯子，一只小猫在一旁睡着了，没有一点犯错的狼狈与害怕。

——题记

每个人都喜欢猫，可并不是每只猫都喜欢人。它们像一首《海德薇变奏曲》，神秘的旋律一遍又一遍地重复，却令人百听不厌。喜欢一只猫，就像向往一个魔法世界。当我看见第一只猫时，就仿佛第一次翻开《哈利·波特》，不会平静如句号，不会惊喜如感叹号，只会不禁冒出许多问号，就像猫绕来绕去的尾巴。

人无法成为猫的主人，更不能拥有一只猫。猫不是小王子手中的玫瑰，而是一只在天上飞的风筝。云雾让它变得神秘，而我与猫之间只有一根细丝相连。喜欢一只猫没有原因。看见过它一千次睡觉吃饭，一千次奔跑，依然像在读一首独一无二的诗。我相信它会读路边的标牌，相信它的眼中装着阴晴圆缺的月亮，相信它是夜的亲戚，相信它有魔法。它踩在牛顿的苹果上，充满神秘，当我想要了解它时，脑中却只是空白。它是马克·吐温笔下名叫哈克贝利·费恩的野孩子，像水一般自由。

夜晚流过猫的身体，猫在梦境中寻找着自己的九条命，与月亮跳着魔法一般的舞步。诗人像个傻子，在黑暗这本醒目的书中寻找着属于猫的字句。镜面是冷的，日落是热的，我拥有一只既冷且热的猫，我与它就像现实与魔法，中间隔了一座九又四分之三站台。最好的理想就是变成一只猫，等猫叫我时，我也能拥有猫的魔法，成为一只猫。

水调歌头

马梓玹（七年级）

　　月亮旋转一周，猫的瞳仁里就映出阴晴圆缺。夜晚流进猫的眼睛，慢得像一种古老的魔法。

　　月光下，猫的身影远在恒河的尽头、月落的终点。已经落山的太阳在它琥珀色的眼睛里映出身影。有时它在梦里长得太大，大得像老虎的祖先，它就会穿过屋顶、云层、火山，跃入黑暗，或者另一个封闭的世界。它的瞳仁很深邃，仿佛可以望到南宋北宋的山月与关隘。也许猫不只是猫，人也不只是人。猫有单纯的灵魂，并不复杂。猫可以被写进诗里。

　　诗里，一只猫在静观秋林的夜晚，如一簇火苗、一个人在静观天空中的月亮——是一轮圆月。月亮转动似陀螺，照着这个它最近的亲戚。猫的瞳仁映出不同的形状，从圆到缺，从亏到满，从猫变成人再从人变成猫，周而复始。猫的眼睛里，不只有它的瞳仁，更深处，还有悲欢离合的人与猫，如一首《水调歌头》，令人陶醉。月下的人给月下的猫一杯酒，或一碗牛奶，或一首诗。"镜面不似你沉默，破晓不及你悄然"，在你的梦里，你是那个封闭世界的主宰。你读书，正着读,反着读,倒着读,斜着读。这一晌,你至少是一个真正的哲学家,静静地思考着阴晴圆缺、悲欢离合。

黑暗是一部醒目的书,从《水调歌头》开始,到人与猫的故事结束。月亮转了多少个晚上,猫喝了多少杯酒、多少碗牛奶,读了多少首诗。诗人将自己与猫连接在一起,他眼中的猫是一个诗人。也许庄周梦到一只猫跃入他的梦,也许魔法师在想:唉,我干点什么不好,为什么把猫变成了人?月亮在宋朝转了多少次?转出多少篇《水调歌头》?猫黑色的尾摆动着,迈着人的步伐,爬到一座沉睡的钟楼尖上。

月光下有一只慢悠悠爬行的黑猫,优雅如一首《水调歌头》。

漂流

赵健钧（七年级）

白天是淡色的，淡得让我想起一只淡灰色的猫的从前。时间像一条河流，冲刷掉过去和现在的色彩，冲去夜晚的眼睛，只有白色的眼珠子还在转。

熟悉的街角，像一处不曾拥有过的梦境。寂静的，是在留声机里的唱片，是一段淡灰色的轨迹。淡灰色的猫的从前，是孤独？是寂寞？空气里出现一串淡灰色的疑问，不曾有过答案，又像有过，就像这熟悉的街角，也变得模糊。

残破的镜子，悄无声息。淡灰色的猫从前是匍匐着的，有痕迹，却又像是透明的。从前太缥缈，只有从西漂到东，从南漂到北的记忆。淡灰色的从前空空如也，淡灰色的从前没有记忆，淡灰色的从前从未被定义。

月亮过于明亮，没有划痕。黑夜像猫的瞳仁，一眨一眨。梦境太远，我抓不住黑夜的手。淡灰色的猫一步一步地走着，在低头读一本孤独的书。淡灰色的从前里是淡灰色的记忆，有从前和现在的命运。夜晚流过淡灰色的猫的身体，仍是梦境。梦是人与猫淡灰色的隔膜，黑夜是一个巨大的梦境。我说黑夜的封面是梦，封底是命运，淡灰色的记忆推着淡灰色的河流不断向前，梦里还有厚厚的一层雾。

阳光强烈，让人以为还在梦里。淡灰色的梦境沉淀在淡灰色的记忆里，淡灰色的猫一点一点地走着。

它不曾真的走过。

月亮与猫

吕屹林（七年级）

　　一只猫正望向梵高的《星空》，它向往成为一只空中的猫，或是一只流动的猫，抑或一只月亮猫。一条界线隔得开天空与大地，却隔不断月亮与猫。

　　这条界线是一幅沉默于月亮与猫前的画。夜晚没有了喧闹，也没有了界线，这只是一个月亮与猫的世界。它们静坐如钟，同彼此白头偕老，活过上下五千年，活得比这界线更加长远。嘉峪关的历史再远，也远不过月亮与猫的界线；诗词再久，也久不过猫与月的"阴晴圆缺"。我不知道，在这么多的日子里，是月照亮了猫，还是猫照亮了月。我只知道深邃的历史中又多了一月一猫。

　　今天的莫高窟，明天成了黑色山洞；明天的月亮，后天成了猫。历史的长度总不及猫和月的距离，恒河也不及猫的神秘。梵高的地图中的猫正如小王子，充满了对月亮的渴望，充满了对其他星球的疑问，也向往一朵玫瑰，希望能把它送给月亮，送给几千年前的小王子和狐狸。

　　它们更是诗人。猫写出了《疑问集》，用百年积下的疑问凑成了诗:"妙,妙,妙……"月亮的瞳仁,显出了它的阴晴圆缺,又写出《水调歌头》中的"明月几时有……"

终于,月亮升到了夜里的钟楼上。

它与猫对视着,沉默着。

若有所思

吴玟慧(七年级)

在梦境中,猫静静地思考,它是这个时空的主宰。

街角的猫,若有所思地看着一只跃入黑暗的猫成了一个女人。是猫,还是人?雷电变成了一只猫,那是一种没有被禁止的想象。

我们没法从它们若有所思的双眼中猜出真相,那目光引人遐想。

用尊敬铸一把钥匙,打开猫的梦境,里面只有一个字的诗。

月亮升到了一只沉睡的猫竖立着的长尾巴上,它猛地睁眼,满脸惊讶,瞳仁映出它的思考。猫的瞳仁照出月亮的圆、满,破碎的镜子照出缺。黑色的水流,流过猫的身体,串起猫的若有所思,串起猫的梦境,串起猫的问号。

它向黑夜重复地朗诵想了许久的诗,有时豪放,有时柔软。那是生命的音符,是黑夜的吟唱,是繁星似的孤独。

猫的所思被囚禁于一个字的诗中,但是它自由、自在、平静。一部历史就贯穿在这一个字的诗中。

猫是木质的,夜是金属的。猫与黑夜碰到一起,神秘化,人化。

在黑夜之中,方形的眼镜化成了纹路,那若有所思的注视,也悄然无声地消失。

黑猫之夜

周弋楚（七年级）

月夜之下，一只黑猫蹲在地上。她像是穿上了黑色皮衣、黑色皮鞋，戴上了黑色蕾丝手套和礼帽，透露出优雅大方的迷人气息，转过身时，时不时闪烁的明眼成了画面中的焦点，那是月亮女神赐予她的。这双明亮的眼睛，像遗落在夜空一角的两颗明星，悄无声息地闪烁。

夜色对黑猫来说，是最好的保护色。除了月亮与星星，没有人可以在夜晚发现她的行踪。她被裹在夜色中，悄悄地来，悄悄地去。在夜晚，她可以做所有想做的事，不用担心恶犬，不用担心人类。她踮起脚，再微弱的风声都可以掩盖她的脚步，她不需要回家，黑夜就是她的归宿。

白天，她只是一只普通的黑猫，穿梭于大街小巷中，警觉与觅食是她仅能做的事，当月光从东面洒下时，她就成了黑夜之王。她可以蹲在高处，眺望她的领地——所有被黑夜笼罩的地方。白月光从她眼中洒下，像一个个音符，为世界弹奏催眠曲。她可以来到清澈的井水边，端详月亮的倒影，聆听月亮女神的神谕。她还可以躺在月光的怀抱中，数着星星慢慢睡去，为第二天的一切养精蓄锐。星月注视着她，同时也祝福着她。

是她，为白天添上了一抹黑；是她，为夜色点缀了两点白；是她，模糊了昼夜之间的边界，带着月亮女神的祝福，在世界漂泊。

月亮猫

裘依萱（七年级）

月亮升上河面，猫从河面升上塔尖，在塔尖留下两个灰黄色的月亮。即便省略了世界，省略了塔尖，省略了一串串屋顶，却省略不了月亮。

月亮的深处是喵星，猫从月亮里升上塔尖。月亮走过小河，流过屋顶，在一阵琉璃黑的风中融化。猫流过时间，流过每个人的梦境。猫融化在月亮里，融化在另一只猫的眼睛里，从圆到缺，从缺到圆。猫永远生活在一个个语气词里，不断向着月亮发问，因为月亮是猫的神，是一本包罗万象的书。

猫的一生要看完九本书，月亮要照亮猫的梦。猫的眼睛不是心灵的窗户，他不需要眼睛，他处于一个只属于他的世界，里面只有月亮，只有宝石。猫用无数条小河隔开了自己与世界，还拥有一个独属于自己的月亮，月亮无时无刻不包容着猫。像一场舞台剧，像一场戏，猫模仿着月亮，叫着"妙"。

月过无声，猫过留痕。猫到底留下了什么呢？猫洗面过耳，猫洗月过云，有人说他在招财，但他也只不过是让月亮快过来。月亮像是另一只橘黄色的老猫，身上坑坑洼洼,像是在天空中流浪已久。这时,猫也许在陪月亮一起流浪,猫的心里有月,月的心里有猫,每只猫都是月亮猫。

每只猫都不孤独,因为猫的心里有一个小月亮,他从来都不是独自一"猫"。

我与猫

胡子茹（七年级）

猫是一位魔法师，总是思考些深奥的问题。隔壁人家的猫常躲在角落里发呆，她的名字叫"Cindy"。她总是缩成一团，摆成一个"C"。

猫会做梦，在她的梦里，天是猫色的，云是猫状的，所有的猫都戴着只有方形镜框的眼镜。夜晚总是流过猫的身体，所以她身上有种月亮般高贵的美。

猫是桥上猫，人是桥下人，月亮下只剩四个脚印。远处的角落里还有一只猫，在说着"妙、妙……"

侠客的身影是猫，敏捷而又逍遥，只留下猫色的步调，还有不被禁止的想象。人与猫之间的距离，是一句"妙"，或是一副方形眼镜；"妙"的音拖得老长，猫也不曾回头，你只能由她去，才能在夜晚再见到她；方形眼镜框住的是一个个问号，猫躲在角落若有所思，最终却还是跃入黑暗，躲进深处。

猫会控制白天与黑夜，她在猫色的天空里走啊走，累了，睡着了，便是黑夜，等她醒来，却过了与月亮跳舞的时间。猫是时间的使者，也是世界的眼睛，她那深蓝色的眼睛里藏着一种猜不透的神秘，正是这种神秘，隔开了我与猫。

　　人会做梦，猫也会。猫是画梦的天才，她的颜色是猫色。谁都无法拒绝一只猫，毕竟会画梦的猫，可是少见的。

　　直立的尾巴把我带进魔法的世界，在那个猫色连云的天空下，一人一猫，她看着我，我看着她……

　　天淡了，猫向着更远的地方画着一个个的梦。

月半小夜猫

宋炫禾（八年级）

一只小猫，装下一个小小的人，轻念一声咒语，便合上所有星星的眸子，怒而走，摆脱了地心的引力，化而为月，不知点缀了哪只失眠猫的夜。

或许是魔法唤来了月亮，让它挨着塔顶，里面将走出一只猫。悄悄地，他亮出尾巴，是一支羽毛笔还是一把短剑？又或是一把琴弓？毕竟，他用他的尾巴，拉了一首小夜曲。疑问重重，算了，就当是一个问号吧，不然又能怎么解释？

黑夜又来了，穿过那爱猫的男孩，留下一道小口，方便猫来偷偷地看男孩的梦。我不是猫，我不曾看见那梦，那梦里可能是另外一个世界，有另一个熟睡的生命。

猫即夜，夜即猫，猫一向隐藏在夜里，等着月亮，也等着一个爱猫的人。他似这月牙，始终不开口，只是微微张开双唇，做出"喵"的样子。猫属于远方的月，而那人也独自隐没在比远方更远的夜里。

夜与月，猫与人，一同谱入一首夜曲。我在月下，倾听一个无解的问号一点点消失在晚间的水中，永远，永远。

  还是悄悄地念一段魔法吧!睁开棕褐色的瞳仁,再听一支小曲。猫的牵挂,猫的渴望,只等以后再回答。

静夜思

高允方（五年级）

所谓的"夜猫子"，就是晚上出来的夜猫。

一只黑猫，黑色的头，黑色的脚，油黑发亮的毛，神出鬼没。它的身体在黑暗中若隐若现，只有那一双"日月眼"，一颗像水晶石，一颗像琥珀，在黑暗中发光，一闪一闪，一暗一亮。

它常常坐在阳台上，望着一轮白色的流着银色浆汁的大圆月。它看看自己，看看月亮，一黑，一白。月亮大，猫咪小，猫想着月亮上的白兔，想着可不可以是"黑猫捣药成"。不管怎样，都是异想天开吧。

有时，它一头扎进黑暗里，在一个黑暗角落坐下。它面对黑暗是如此自然，因为它自己就是黑的。黑和黑融在一处，隐身了？不，它的眼睛并非无神。它在黑暗中穿梭，像一阵雾，从你眼前划过，留下一道重影。它那样迅速，那样轻巧，似乎没有任何脚步声。

它和站在长城上的猫不一样，它没那个胆量。它和雪花白猫不一样，它的毛没那么纯洁。它快，它黑，它富有想象，它有一颗明亮的心。

十二点的钟声响起，午夜的到来，让它变得神秘。

那九盏灯照着它的一生,九重影向四方散去,在夜里,九命猫望着月亮,思想在流淌。

标点

文竹（五年级）

"嗷呜——"黑夜中，一只雾般的猫朝我走来。

它的眼睛化为两个句号，如此完美、神秘。一个句号盯着虫与老鼠，思考着如何给它们的生命画上完美而又寂静的句号。另一个句号，用来熄灭那九盏灯。它的每一条命都由自己画上句号，也只有它自己知道自己的生命何时结束。无论句号是青绿色、琥珀色还是蓝色，都如指印般独一无二。

猫蹲在地上，成了一个圆，只有细细的尾巴在外摇晃，把它变成了一个逗号，一个充满活力的逗号。给平凡无聊的一天画上逗号，让一天变成一首活泼未知的诗。有它存在，每一分、每一秒都变成了温柔、美丽、可爱的句子，深深印在我的脑中。

它又变成一个长城中的逗号，远眺着山河。这时，长城不再僵硬，而是变成了一篇散文，每一块砖都是猫，轻巧的猫。

猫在地上走动，又跳到我的腿上，尾巴弯曲，成了一个问号。问天问地，问自己的前世今生，问黑夜那本厚厚的书，问万物，但没人听懂它的"喵"，它只好独自沉思，独自解答，只有黑夜陪伴它。

"呼噜呼噜……"

"喵……"

一阵断断续续的猫语响起，成了一串省略号，似乎在告诉人们，未来的路还很长。那六个小点，折射出那坎坷的前六条命。那时，它属于主人、属于自由、属于我的脑海，属于其他的什么。而现在这三条命，属于它自己。

猫在我的腿上睡了，如同一本厚重的书，抽象却又亲切，而它是一个标点。

黑夜哲思录

张若涵（五年级）

万里长城在黄昏之中显得格外宁静，一块块的砖在夕阳的照耀下显出了橘红色。沉思者是块猫形的橘砖，它一动不动地眺望远方。只有那双绿宝石般的眼睛显示着它是只猫，只不过是在思考中。

静，静，静，太古的静，死灭的静。像哲学家一样思考的猫，在想些什么呢？地平线上渐渐没有了余晖，夜深了，猫也要活动了。白天冷清的角落，都被奔跑中的思想所填满；被遗忘的事件，也被猫找了出来。人类的思想，对猫来说，也是有用的。

一声"鸟乎"，证明了猫是学问和欢乐的朋友。不需要任何深奥的长句，简短的猫言猫语就足够了。每一声"喵——妙"，都是好句，每个字都是呕心沥血思考的产物。

黑夜是一部醒目的《哲思录》，从封面到封底，猫独自读。常年的黑也让猫养成了高傲与冷漠的性格。猫生的哲思，一点一滴都汇入这本书中。它身披夜色，立于墙头。夜的美建立在宁静与安详之上，而猫是夜的思考者。

思索，思索……猫的一生沉迷于《哲思录》的编写。思考，是猫的美德。

猫

谢靖菡(六年级)

在无边的夜里,猫悄悄走来,在地上留下一串脚印。

我被窗外的猫叫声吵得睡不着觉,干脆循着脚印去找猫。

运气不错,我不一会儿就找到了那只猫,一只黑猫。我用古老的魔法——猫叫,与她对话:"你为什么要在黑夜里叫,吵得我睡不着觉?"

她回过头,琥珀色的眼睛把我的影子封印住了,我显得那样渺小。良久,她才发出一声尖锐的猫叫,然后说:"我在读黑暗这部深奥的书,直到九盏灯完全熄灭才能停止。我虽然孤独,但我的叫声可以陪伴我。"

"哦,这样。"我的火气消了一些,然后问道,"那你为什么要在黑夜里沉思,如同一个学者,那么神秘,那么孤独?"

她优雅地摆了摆尾巴,眼睛眯成了一条缝,低沉而温和地说道:"因为我在守护黑夜,守护这个古老的魔法,永远……"

我是一只猫

郑范羽（六年级）

我是一只猫，一只安静的猫。

我曾是季羡林的一头白发，但有一天，我离家出走了。为了吃到肉，我去了重庆，每天抓几只耗子充饥。没过多久，我就厌倦了野性生活，成了马逢华的猫。他笔下的我很多变，是个大家闺秀，是个淘气的小姑娘，也是个老太婆。但我这只有着天使般声音、昆虫样瞳孔的猫，难道是个优雅的女人吗？于是，我又成了波德莱尔的猫。

在他看来，我总是与学问和欢乐为友，还是只腰间有魔术火花的猫。但我还想找个新主人。

我最后成了严文井生活中唯一的光亮，他十分爱我，并在我死后让我长眠于他窗外的树下。

子非猫

谢简佳（五年级）

猫是一首神秘的诗。

闪耀着魔术火花的腰，困住昆虫的琥珀色眼睛，触动人心的叫声，一切都恰到好处。

猫的步伐是轻盈的，有闺秀的风范，她不知不觉间如暮春掉落的花朵来到你的身边。猫是困慵的，她在阳光下舒展身体，眯着眼，像水的倾注。

猫的心情是不可捉摸的。她爱扑苍蝇，可苍蝇哪是容易扑到的。猫一昂首，一蹬腿，一张爪，苍蝇在猫眼前一晃，猫扑了个空。她发愣，皱眉，为着一只苍蝇的逃脱。忽然老鼠弦月似的尾巴一闪，她又兴奋地追了过去。

她的瞳孔是神秘的，如夜明灯般洞察着一切，像星光一样频频闪动。只要有一点轻微的震动，她就立刻竖起耳朵，弓起背。

子非猫，安知猫之乐？

疯子

徐一辰（五年级）

猫是一个疯子，一个狂怒的疯子，没人能理解它。

它用青绿色的、充满深奥含义的瞳孔刺激着主人的心。我们设法从它那有深层含义的眼中看出它的秘密，但失败了，猫发出的深奥信号，我们无法理解。它用疯子专用的背和尾巴的语言，向我们传达它那疯子般的冷静。

它是主人最乖巧的朋友，却也是最狂最野的朋友，它用那水般柔嫩的四肢和身体依偎在主人脚边，告诉它的主人：猫是由魔法构成的，猫并不受控制，它如同清风一般，自由无拘。它用它的柔和与审慎，以及触动人心的叫声迫切地告诉主人它的渴望。它用猫眼看着这个奇异而不相识的世界。

猫疯了，似疯子一样奔跑着。

一个"喵"能表达一切。

猫是个疯子。

魔术师

雷一然（五年级）

猫的本能不是当季羡林的宠物，也不是跟着"白象"一起走丢，它应该当一个魔术师。

猫本身是一种动物，可是它能与学问和欢乐交流，不难看出，猫的确是一位魔术师。这位魔术师最擅长的戏法便是"老鼠消失术"，能让老舍印象中老鼠泛滥的重庆恢复平静。

猫的戏法毫不单调，它还会使出"眼睛变化法"。它的瞳孔时大时小，难以捉摸。比如"白象"，它便有一双神奇的眼睛，时而是"日月眼"，时而是"明眼"，这也使主人丰子恺拥有了"省钱大法"——收电灯费的人看见它几乎忘了拿钞票。

这位魔术师最大的特点便是野。它把最具光彩与魔力的东西放入野中。它从野中来，又到野中去。野——便是猫灵魂的一部分。

猫的时间

王若涵（五年级）

猫的时间都去哪了呢？就连最喜欢猫的作家们都没有看过猫出去或在黑夜做事。

猫有自己的秘语，猫有自己的观点。

猫在白天出去，不需要有人陪。它灵巧地跃出，双眼炯炯有神，兴许能震慑住老鼠。

当猫"喵"一声，太阳会被它的声音催眠，夜晚会拉起黑幕掩盖它的踪迹。它偷偷出去时，会时不时回头心虚地看向你，看向家门。这就是你能与它对话的原因。当猫在夜里与人对话时，或许它认为自己已经成了人。它已了解了人的话，所以当人叫猫"胖胖"时，它会跑过来，跳到人的腿上，乖巧地跳回画里。

猫的时间是永恒的，当它与日月交谈时，被浪费的时间便不复存在。

猫

杨俐文（五年级）

在乡间的荒野，我偶遇了一个猫巫师。她融在夜幕中。一看到她，我心中的烈火就被她黑色的斗篷扑灭，隐入无边的黑暗中。

她优雅地走过来，我开始施展人类与生俱来的魔法："喵——"她也施展起魔法："喵——"她"噌"地弓背跃起，以超越我想象的柔软身姿轻盈地爬上了树，成了树的黑发。她的眼睛里冒着幽幽的绿光，抚平了我不安分的心。我"喵喵"地叫着靠近她，她的耳朵往下一折，纵身一跃，一甩她那长长的斗篷，从栅栏的缝隙里钻了出去，消失在了夜色中。

我也想成为猫巫师，蜷着身子伏在桌子下，挪动间，腰却被卡住了。她推开门，轻盈地走进来，从我身下的缝隙里穿过。我气得想追打她，可她钻进床底，侧躺下露出肚皮，又瘫下去，像一个年迈的老人，"呼噜呼噜"地睡着了。

我又不想变成猫了。猫想变成我吗？

梦中的猫

沈韵琪（五年级）

睡梦中，一只猫从我的眼缝中"猫"了进来，就像液体在丝滑流动。

它雪白的绒毛，橘色的脚，全身舞动的结构，增一分则嫌丑，减一分则嫌怪。

它发呆时，眼睛里闪耀着神秘的光芒；跳跃时，神奇的腰就像被施了魔法般变幻出多种姿态。

我"喵喵"地逗了它两声，它做出一副亲密的样子朝向我。过了一会儿，看见我没有反应，它又转了回去，静静看着远方，真是太可爱了。

严文井的小猫在他的稿纸上印上了几朵小梅花，即使这样，也未见他生气，因为这是他心爱的猫。我也傻傻地看着我的猫。

随着一束金光从眼缝中透进来，猫消失在了阳光里，喜悦的涟漪却在我心中荡开。

我与"猫"的对话

与世界对话／与猫对话

与世界对话／与猫对话

图书在版编目（CIP）数据

与世界对话. 与猫对话 / 傅阳编著. -- 昆明：晨光出版社，2025.3. -- ISBN 978-7-5715-2446-3

Ⅰ.C49

中国国家版本馆CIP数据核字第20248U3X07号

声明

本书在编写过程中，选用了部分散文、诗歌等作品，因条件所限未能与作者/译者一一取得联系，在此致以深深的歉意。敬请本书录选作品的作者/译者及时与我们联系，我们会第一时间与您沟通并妥善处理。

电话：010-88356860

邮箱：neverend@utoping.cn

YU SHIJIE DUIHUA YU MAO DUIHUA

与世界对话 与猫对话　　傅阳 编著

出 版 人	杨旭恒
选题策划	千寻 Neverend
责任编辑	李　政
封面插画	高畅 www.changgao.co
出　　版	晨光出版社
地　　址	昆明市环城西路609号新闻出版大楼
邮　　编	650034
发行电话	（010）88356856　88356858
印　　刷	北京顶佳世纪印刷有限公司
经　　销	各地新华书店
版　　次	2025年3月第1版
印　　次	2025年3月第1次印刷
开　　本	130mm×185mm　32开
印　　张	7
字　　数	111千
ISBN	978-7-5715-2446-3
定　　价	148.00元（全4册）

图片版权支持　● www.fotoe.com

退换声明：若有印刷质量问题，请及时和销售部门（010-88356856）联系退换。